성서

첫단추 시리즈
019

성서

존 리치스 지음
이재만 옮김

교유서가

일러두기
성서 번역은 『공동번역성서』(대한성서공회)를 따랐다.
본문 중의 대괄호 부분은 옮긴이 주(註)이다.

차례

근대 세계의 성서 : 고전인가 신성한 텍스트인가

세계에서 읽히지 않은 부수가 가장 많은 책이 성서라는 말을 가끔 듣곤 한다. 성서의 내용에 갈수록 무지해지는 세태를 걱정하는 유럽 그리스도교계 전반의 불안을 반영하는 말이기는 해도, 그런 주장은 입증하기가 어렵다. 게다가 더욱 중요한 진실, 즉 여전히 성서가 세계에서 가장 영향력 있고 가장 널리 읽히는 책들 중 하나라는 진실을 간과하는 주장이다.

오늘날 세계에서 가장 영향력 있는 책과 가장 널리 읽히는 책—두 책은 어떻게 보아도 같지 않다—의 순위를 매겨보면 흥미로울 것이다. 카를 마르크스의 『자본론』은 후자는 결코 아닐지라도 아주 최근까지 전자의 유력한 후보였을 것이다. 토머스 페인의 『인간의 권리』와 애덤 스미스의 『국부론』도 전자의 상위권 후보로 꼽을 만하다. 물론 과학 분야(찰스 다윈의 『종의 기원』 같은), 철학과 문학, 예술 분야의 후보들도 있을 것이다. 그런데 이런 책들을 세계 주요 신앙들의 핵심 텍스트들과 경쟁을 붙이면 어떤 결과가 나올까? 어쨌거나 '영향력'은 그리 정확한 척도가 아니라서 이런 순위 정하기의 결과는 승자보다 평가자에 대해 더 많이 알려줄 것이다.

오늘날 세계에서 가장 널리 읽히는 책의 자리를 두고 경합하는 주요 후보 목록에는 문학 고전과 어린이용 애독서 몇 종이 포함될 것이고, 가벼운 로맨스 소설과 범죄소설 작품들이 그보다 상위에 이름을 올릴 것이다. 이런 책들은 인기를 누리기는 해도 특정한 문화에만 호소하는 경향이 있다. 그에 반해 주요 신앙의 핵심 텍스트는 예배를 올리고 사적으로 기도할 때 주기적으로 쓰이는 한편, 세계 각지로 흩어진 공동체에서 신자와 성직자의 정신을 형성하며 더 넓은 독자층을 확보한다.

꾸란과 성서처럼 영향력 면에서나 독자층 면에서나 상위권에 드는 책들의 위상에 도전하는 정치적 텍스트가 이따금 등장하기도 한다. 『마오쩌둥 어록』은 당대 중국에서 엄청나게 읽히고 중국인들에게 심대한 영향을 끼쳤다. 그러나 그런 우위는 단명하곤 했다. 주요 종교 텍스트들은 지구력이 더 강하다.

이렇게 경쟁을 상상해본 이유는 특정한 텍스트의 도덕적 또는 심미적 우위를 주장하기 위해서가 아니다. 설령 그렇게 주장할 수 있더라도 전혀 다른 근거에 기반해서 주장해야 할 것이다. 책 후보를 꼽아본 이유는 서두에서 주요 종교 텍스트들의 아주 특별한 성격을 보여주기 위해서다. 그것들은 사람들의 삶에 막대한 영향을 끼치고 교육과 문화의 배경이 천차만별인 사람들에게 읽힌다. 어떻게 그럴 수 있을까?

꾸란과 관련하여 이 물음에 답하는 것은 나의 과제가 아니다. 꾸란과 성서라는 두 텍스트, 또는 텍스트 모음의 공통점을 고찰해보면 꽤 흥미롭긴 하겠지만 말이다. 이 얇은 입문서의 목표는 성서와 관련하여 답하는 것이다. 이 고대의 텍스트 모음이 현대의 탈식민, 탈산업 세계에서 사람들의 삶에 계속 막강한 영향력을 행사하는 이유는 무엇일까?

물음에 답하기에 앞서 오늘날의 성서 독자를 몇 명 소개하겠다. 교육과 문화, 믿음이 제각각인 사람들을 사로잡는 성서의 비상한 호소력, 그들과 부정적이거나 긍정적으로 이야기하는 성서의 능력을 얼마간 보여주는 한편 엄청나게 다양한 성서 독법을 예시하기 위해서다.

르네 줄루(Renee Zulu)는 남아공 도시 요하네스버그의 주요 흑인 거주구역인 소웨토에서 눈에 띄게 활동하는 여성 단체 자마니 소웨토 자매회(Zamani Soweto Sisters) 일원이다. 이 단체는 흑인 학생 다수가 남아공 경찰에 의해 살해된 1976년 소웨토 항쟁이 남긴 깊은 트라우마를 겪으며 결성되었고, 지

전 세계에서 가장 많이 팔린 책들

성서: 1815년부터 1975년까지 25억 부
        1998년 20,751,515부 유통

성서 번역본: 세계의 6500개 언어 가운데 2212개 언어로 성서의
일부를 읽을 수 있다. 성서 전체는 350개 이상의 언어로 번역되
어 있다.

가장 많이 팔린 책: 세계에서 가장 많이 팔린 저작권 있는 책은
8000만 부(1955~1997)가 판매된 『기네스북』이다.

가장 많이 판 저자: 애거사 크리스티, 범죄소설 78편으로 약 20
억 부를 팔았다.

가장 많이 팔린 소설: 『바람과 함께 사라지다』(1936), 『앵무새 죽
이기』(1960), 『인형의 계곡』(1966)은 모두 3000만 부 이상 팔렸다
고 한다.

금은 지역 공동체의 교육과 발전에 힘쓰고 있다. 자매회는 영
향력 있는 교육 단체로서 여성들에게 읽기와 쓰기, 바느질, 옷
만들기, 가정 관리, 심지어 벽돌 쌓기까지 가르친다. 그들은 아
름다운 조각보 퀼트를 만들어 1983년 스코틀랜드 글래스고에
서 전시했고, 칠레 출신 망명자들의 아이디어를 받아들여 조
각보 작품으로 소웨토에서의 투쟁과 트라우마, 희망을 표현
했다.

르네는 성서 애독자다. 르네는 짐바브웨에 뿌리를 둔 아프

리카 독립교회(African Independent Churches) 중 하나에 속해 있다. 매년 한 차례씩 2주 동안 르네는 교인들과 함께 기도하고 노래하고 성서를 공부한다. 성서의 풍성한 서사와 시는 고된 반복 작업과 경제적·정치적 투쟁으로 얼룩진 그녀의 삶에 힘과 위안, 기쁨을 주는 원천이다.

메리 존 마난잔(Mary John Mananzan)은 필리핀 출신 베네딕토회 수녀이자 풀뿌리 조직의 구성원 4만 명으로 이루어진 여성 단체 가브리엘라(Gabriela)의 의장이다. 여성의 존엄과 권리를 위해 투쟁하는 이 단체에 관여하면서 그녀는 필리핀에 널리 퍼진 마리아에 대한 신심에 의문을 품게 되었다. 아들을 보려는 하느님의 뜻을 전해 들은 마리아가 "지금 말씀대로 저에게 이루어지기를 바랍니다"라고 말하며 순종한 것처럼 필리핀 여성들은 남편과 윗사람에게 고분고분히 복종할 것을 요구받는다. 메리 존은 「루가의 복음서」에 실린 마리아의 찬미가(가톨릭에서는 마그니피카트Magnificat라고 부른다)에서 그런 마리아 신심에 대항할 무기를 발견했다. 마리아는 이렇게 노래한다.

주님은 전능하신 팔을 펼치시어 마음이 교만한 자들을 흩으셨습니다.
권세 있는 자들을 그 자리에서 내치시고 보잘것없는 이들을 높이

섰으며

배고픈 사람은 좋은 것으로 배불리시고 부요한 사람은 빈손으로 돌려보내셨습니다.

「루가」1:51-53

빈자를 돌보고 부자의 재산을 빼앗는 하느님을 섬기는 훨씬 더 활동적이고 전복적인 마리아의 모습이 이 구절에 있었다. 메리 존은 수업에서 학생들에게 시위에 대해 가르쳤다. 〈뉴욕 헤럴드 트리뷴〉지는 그 수업에서 "사회적 처신이 아닌 사회적 행위를 가르친다"라고 말했다.

디니스 셍굴라느(Dinis Sengulane)는 모잠비크의 성공회 주교다. 모잠비크는 독립 이후 오랫동안 모잠비크 국민저항 (RENAMO)과 모잠비크 해방전선(FRELIMO)이 벌인 끔찍한 내전에 시달렸다. 디니스 주교는 평화 협상에 관여한 교회 단체의 일원이었다. 국민저항 지도자를 만난 중요한 자리에서 주교는 성서를 꺼내 산상설교의 두 구절을 읽었다(「마태오의 복음서」5:7,9).

자비를 베푸는 사람은 행복하다. 그들은 자비를 입을 것이다.

평화를 위하여 일하는 사람은 행복하다. 그들은 하느님의 아들이 될 것이다.

주교는 지도자에게 모잠비크 사람들에게 자비를 베풀어 싸움을 멈추라고 간청했다. 평화를 위해 일하는 사람, 그리하여 하느님의 아들이라 불리는 사람이 되라고 호소했다. 그리고 덧붙여 말했다. "그래도 당신이 평화를 위해 일하지 않기로 결정한다면, 우리는 당신이 누구의 아들인지 알고 싶을 겁니다." 지도자는 자기 휘하 장군들에게 전할 수 있도록 성서를 여기 두고 가달라고 부탁했다.

다니엘 보야린(Daniel Boyarin)은 캘리포니아에서 랍비 연구를 가르치는 정통파 유대인이다. 한동안 그는 예루살렘에 있는 바르일란 대학에서 가르쳤다. 그는 저서 『급진적 유대인: 바울로와 정체성 정치A Radical Jew: Paul and the Politics of Identity』에서 유대인의 차이와 특이성을 강조한 유대 전통의 경향을 바울로가 다름 아닌 유대인으로서 철저히 비판했다고 주장한다. "유다인이나 그리스인이나 종이나 자유인이나 남자나 여자나 아무런 차별이 없습니다. 그리스도 예수 안에서 여러분은 모두 한 몸을 이루었기 때문입니다."(「갈라디아인들에게 보낸 편지」 3:28)

그렇지만 이런 보편화 경향이라고 해서 위험요소가 없는 것은 아니다. 오래된 구별을 고수하는 사람들은 어떻게 되는가? 이 멋진 신세계에서 그들을 위한 자리는 어디인가? 유대교-그리스도교 관계의 역사는 유대인의 특수한 정체성을 인정하지 않는 이런 경향이 얼마나 끔찍한 결과를 가져왔는지 보여준다. 물론 이스라엘 땅에 각별한 애착을 보이면서 그 땅을 되찾으려던 유대인의 바람도 심각한 문제를 일으켰다. 보야린의 견해는 유대 국가를 복구하려는 시오니즘의 미래상보다 이스라엘 땅에서 이산(離散)해 살아가는 유대인들(즉 이스라엘 밖에 있는 유대인 공동체들)이 공동체 간 관계에 더 나은 모델이라는 것이다. 유대교에 대한 바울로의 문화적 비판은, 거꾸로 과격한 비판을 받기도 하지만, 새겨들어야 할 지적이다.

마지막으로 살펴볼 성서 독자는 자유주의적 정서에 덜 매력적인 사람이다. 흥미진진한 여행기 『신성한 슈퍼마켓The Divine Supermarket』에서 맬리스 루스벤(Malise Ruthven)은 이른바 아마겟돈 신학의 주요 옹호자—성서가 세계 종말의 시나리오를 정확히 드러낸다고 믿는 사람—인 팀 라 헤이(Tim La Haye) 목사를 만난 이야기를 들려준다. 그 신학에 따르면 세상의 종말은 이스라엘 국가의 수립과 함께 시작되고, 예루살렘 성전 복원, 대규모 세계 전쟁, 유대들의 개종, 재림한 예수가 천국에 들어갈 참된 신자들을 공중으로 들어올리는 '휴거(携擧)'를 포함한다.

"성서는 '그날과 그 시간은 아무도 모른다'라고 말합니다"라고 헤이는 말했다. "그래도 우리는 그 시기를 알 수 있습니다. (…) 가장 중요한 징표들 중 하나는 예언자들이 2500년 전에 말한 그대로 이스라엘과 러시아 둘 다 세계무대에서 지배적인 선수라는 겁니다. 러시아는 우리 세대까지만 해도 결코 열강이 아니었고 이스라엘은 지상에 있지도 않았죠." 이어서 그는 「에제키엘서」에서 북부 왕국의 이스라엘 침공에 관한 구절을 인용했다. 러시아가 이스라엘을 한창 공격하고 있을 때 하느님께서 초자연적으로 개입하시어 러시아를 멸하실 거라고 그는 믿었다.

다른 독자를 계속 소개할 수도 있겠지만 내가 다소 무작위로 고른 독자 명단이 성서를 지나치게 감싸거나 낙관적으로 본다는 인상을 주지 않으려면 라 헤이 같은 사람으로 끝내는 편이 좋겠다. 무난하거나 온건한 성서관을 제시하는 것은 결코 나의 목표가 아니다. 성서가 정의와 해방이라는 대의뿐 아니라 많은 사람들이 보기에 지극히 혐오스러운 목표를 위해서도 사용되었음을 나는 잘 알고 있다. 예를 들어 네덜란드 개혁교회의 교인 다수는 아파르트헤이트를 지지하면서 그런 정책이 성서에 부합하고 따라서 신학적으로 정당화된다고 진심으로 믿었다. 그런데 나는 아파르트헤이트에 맞서 투쟁한 사람들에게 성서가 도덕적·종교적 인도와 깨달음의 원천이었던 것도 알고 있다. 우리가 씨름해야 하는 사실은 양편 모두 깨달음을 구하고 인도를 받고자 성서에 호소할 수 있었다는 것이다. 유대교 공동체와 그리스도교 공동체에서 성서를 구현해온 각양각색 방식은 우리의 마음을 사로잡는 동시에 어지럽힌다.

이 책의 한 가지 과제는 성서 형성의 역사를 살펴보면서 성서 해석이 갈피를 잡지 못할 만큼 각양각색인 이유를 밝혀줄 실마리를 찾는 것이다. 제2장에서는 성서를 이루는 책들이 어떤 전통과 구성 과정을 거쳐서 오늘날 우리가 아는 최종 형태로 귀결되었는지 살펴본다. 제3장에서는 오늘날 유대교와 그리스도교의 다양한 종교 공동체들에서 권위가 있다고(정경正經이라고) 인정받는 다양한 성서들에 각기 다른 책들이 포함된 사정을 들여다본다.

나머지 부분에서는 성서의 오랜 역사에서 나타난 갖가지 독법에 더 초점을 맞춘다. 제4장에서는 유대교와 그리스도교 신자들의 성서 독법 일부를 살펴본다. 제5장에서는 성서에 대한 인식에 급진적인 영향을 끼친 종교개혁과 계몽주의에서 주로 유래한 비판적인 독법에 집중한다. 뒤이어 제6장에서는 그리스도교의 전통적인 본거지 밖에서 성서가 수용된 방식을 논한다. 제7장에서는 고급문화와 대중문화에서 성서가 수행해온 역할을 살펴본다. 제8장에서는 정치의 세계에서 성서의 위치를 논하고, 제9장에서는 전체 내용을 요약한다.

물론 독자와 텍스트의 관계는 아주 복잡하다. 성서의 다양성이 각양각색의 독자 공동체들을 만들어내는 걸까? 아니면 상이한 독자들이 성서에 어떤 책들이 포함되거나 배제되어야 하는지 결정함으로써, 또는 어떤 읽기 전략을 받아들일지 선택함으로써 자기네 목적과 의도에 맞게 문자 그대로 혹은 비유적 의미로 성서를 형성하는 걸까? 이 쟁점은 성서를 읽고 행동으로 옮겨온 다양한 방식을 살펴보는 이 책에서 우리와 내내 동행할 것이다.

이쯤에서 확실한 경고문을 붙여야겠다. 나는 성서 독자들 전부를 대변할 수도 없고, 성서에 관한 상이한 관점들을 공정하게 선정하여 제시할 수도 없다. 첫째, 제3장에서 실례를 들어 보여줄 것처럼 '단일한 성서'는 없다. 서로 다른 책들을 서로 다른 순서로 포함하는 복수의 성서들이 있을 뿐이다. 둘째, 성서는 세계 곳곳의 다양한 종교적(그리고 그다지 종교적이지 않은) 공동체들에 속한다. 나는 백인 남성에 영국 태생 유럽인이며 스코틀랜드의 한 대학에서 신약성서를 가르치는 성공회 그리스도인이다.

대학은 적어도 설립 취지에 따르면 열린 정신을 지향하는 공간으로서 특정한 국제주의를 고취한다. 대학 생활을 풍요롭게 하는 외국 학생과 방문객이 연이어 찾아온다는 점에서 우리 대학 구성원들은 운이 좋은 편이다. 그러나 대학 생활이 자의식을 넓히는 데 도움을 주기는 해도, 나의 정체성의 엄연한 일부인 사회문화적 혼합체를 완전히 초월하게 해준다고 주장하지는 못하겠다. 나는 특정한 독자 공동체에 속해 있다. 그 공동체와 다른 공동체들 사이에 연계가 있을지라도, 우리는 공동체의 뿌리 깊은 믿음과 전제를 반영하는 우리에게 절박한 문제들에 직면하여 우리의 특수한 맥락 안에서 읽고 생각할 수 있을 뿐이다. 물론 내가 나의 관점에서 관심을 쏟는 그 문제들 중 일부는 전 세계의 다른 많은 공동체들에서도 주목하는 국제적 문제일 것이다. 그렇다 해도 나는 불가피하게 그 문제들을 나의 관점에서 숙고할 것이다. 그런 편향을 최대한 솔직하게 밝힐 테지만, 나의 편향에 주의하는 건 독자들의 몫이다!

제 2 장

성서는
어떻게 쓰였는가

　짧은 입문서에서 짧은 장에 붙이기엔 터무니없이 낙천적인 제목이다. 그럼에도 성서들을 이루는 책들이 어떻게 정해졌는지 간략하게나마 서술할 필요가 있다. 성서들은 어떻게 오늘날과 같은 형태를 갖추었을까? 이 장에서는 성서에 담긴 풍성한 자료를 대표하는 사례를 몇 가지만 선별해서 살펴보겠다.

　우선 성서 전반을 개괄할 필요가 있다. 성서의 텍스트들이 쓰인 기간부터 알아보자. 구약에서 연대가 가장 이른 부분들(예컨대 「판관기」 5장의 '드보라와 바락의 노래')은 기원전 10세기나 11세기에 적힌 반면에 가장 늦은 부분들(예컨대 「다니엘서」)은 기원전 2세기 마카베오 시대에 기록되었다. 신약이 쓰인 기간은 훨씬 짧다. 바울로의 가장 이른 편지들은 서기 50년경에 작성되었다. 나머지 텍스트들은 대부분 확실히 서기 1세기에 속한다. 신약의 책들을 통틀어 진지하게 제시된 가장 늦은 집필 시점은 「베드로의 둘째 편지」의 시점인 서기 2세기 중엽이지만, 이 편지는 2세기의 제1사분기에 쓰였을 공산이 커 보인다. 이런 사실은 성서의 텍스트들이 형성된 기간에 기자(記者)들의 (정치적·문화적·경제적·생태적) 생활조건이 엄청나게 변천했음을 분명하게 보여준다. 유목 생활을 반영하는 텍스트가 있는가 하면 군주정과 성전(聖殿) 제의를 확립한 사람들의 텍스트, 유배 생활을 하는 사람들의 텍스트, 외국 통치자의 압제에 시달리는 사람들의 텍스트, 카리스마 있는 떠돌이 설교사들의 텍스트, 교양 있는 헬레니즘 저자인 양 젠체하는 사람들의 텍스트도 있다. 성서가 기록된 기간은 호메로스, 플라톤, 아리스토텔레스, 투퀴디데스, 소포클레스, 카이사르, 키케로, 카툴루스가 집필한 기간이기도 하다. 또한 같은 기간에 아시리아 제국(기원전 12세기부터 7세기까지)과 페르시아 제국(기원전 6세기부터 4세기까지)이 흥망했고, 알렉산드로스가 동방 원정을 감행했으며(기원전 336~326년), 로마가 발흥하여 지중해를 지배했고(기원전 4세기부터 원수정을 수립한 27년까지), 예루살렘 성전이 파괴되었으며(서기 70년), 로마의 통치 영역이 스코틀랜드 일부까지 확대되었다(서기 84년).

구술성과 문자성

오랜 기간에 걸쳐 띄엄띄엄 등장한 이 텍스트들의 한 가지 공통점은(아직까지 쓰기가 대체로 전문가들의 수중에 있기는 했지만) 쓰기를 높이 평가하는 문화 안에서 기록되었다는 것이다. 가장 이른 성서 텍스트들이 작성된 기간은 설형문자에서 알파벳으로의 발전이 이루어진 기간과 얼추 겹친다. 설형문자 체계에서는 쐐기처럼 생긴 도구로 점토판에 기호를 새겨서 낱말을 나타낸다. 페니키아인로부터 유래한 초창기 알파벳 체계에서는 파피루스 같은 알맞은 재료에 잉크로 자음을 쓴다. 알파벳 표기법은 융통성과 휴대성 모두 더 뛰어났다. 무엇보다 알파벳은 훨씬 더 긴 텍스트를 생산할 수 있게 해주었다. 보통 가죽으로 만든 두루마리에 새로운 알파벳으로 텍스트를 적으면 「이사야서」의 66개 장을 전부 담을 수 있었다. 훗날 코덱스(codex, 대략 오늘날의 책과 같은 형태)가 발전한 덕분에 텍스트를 참고하고 휴대하기가 한결 수월해졌다. 코덱스 하나에 이 책의 2.5배 분량인 4복음서 전체를 담을 수 있었을 것이다. 문자 텍스트를 전달하는 매체로 코덱스를 사용하는 것은 초기 그리스도인들이 개척한 방법으로 서기 1세기부터 시작되었다. 코덱스는 4세기경부터 표준이 되었다.

언어를 기록하는 새로운 방법이 발전한 것은 이 시기의 가장 두드러진 기술적 특징 중 하나로, 16세기에 종교개혁 사상

					SAG 머리
					NINDA 빵
					GU₇ 먹다
					AB₂ 암소
					APIN 쟁기
					SUḪUR 잉어
기원전 3100년경 (우루크 IV층)	기원전 3000년경 (우루크 III층)	기원전 2500년경 (파라)	기원전 2100년경 (우르 제III왕조)	기원전 700년경 (신 아시리아)	수메르어의 읽기 (위)와 뜻(아래)

1. 2000년이 넘는 세월 동안 발전한 쐐기꼴 기호들을 보여주는 표.

2. 펼친 코덱스를 들고 있는 젊은 남자, 그리스도교 지하묘지 카타콤에 있는 그림, 서
   기 3세기 로마.

이 빠르게 퍼져나갈 수 있게 해준 인쇄기의 발전만큼이나 중요한 성취였다. 그렇지만 성서 시대 동안 문화는 거의 구술 문화였다. 다시 말해 문자 텍스트는 대부분 크게 낭독하는 방식으로 전달되었다. 문자 텍스트를 수신한 사람들 태반은 그것을 읽기보다 들었을 것이다. 더욱이 법률, 예언, 속담, 시, 서사 등 오늘날 우리가 문자 형식으로 전달하는 자료 대부분은 본래 구술 형식으로 시작되었다가 나중에야 글자로 적혔을 것이다. 예를 들어 신탁은 먼저 예언자가 구술로 전달하면 예언자의 제자들이 암기해두었다가 나중에 글로 적었을 것이다. 「이사야서」의 경우처럼 처음 신탁을 받은 이후 그것을 기록하고, 다른 비슷한 자료와 한데 모으고, 마침내 예언서 형태로 발표하기까지 수백 년 세월이 걸렸을 것이다. 바울로 서신처럼 한 사람이 생산한 텍스트라 할지라도 대개 필경사에게 받아쓰게 했다. 다만 바울로는 이따금 인사말을 직접 쓰기도 했다. "내가 직접 여러분에게 이렇게 큰 글자로 써 보냅니다." (「갈라디아인들에게 보낸 편지」 6:11)

성서가 작성된 기간 내내 구술성과 문자성은 밀접히 연관되었다. 이 점은 성서 텍스트들의 작문 수준이 각기 다르다는 사실에 반영되어 있다. 성서의 일부는 문자 텍스트를 작성하는 일에 능숙한 집단의 산물인 반면에 다른 일부는 서사와 담화를 낭독하는 전통에 훨씬 더 가깝다. 복음서들에서 이 사실

루가는 무슨 이유로 어떻게 글을 쓰는지 설명하면서 복음서를
시작한다. 루가에 앞서 예수의 생애에서 일어난 일들을 기록한
다른 사람들이 있었다. 루가는 훌륭한 역사가처럼 사실을 가려
내 믿을 만한 서술을 내놓았다.

존경하는 데오필로님, 우리들 사이에서 일어난 그 일들을 글
로 엮는 데 손을 댄 사람들이 여럿 있었습니다. 그들이 쓴 것
은 처음부터 직접 눈으로 보고 말씀을 전파한 사람들이 우리
에게 전해준 사실 그대로입니다. 저 역시 이 모든 일들을 처
음부터 자세히 조사해둔 바 있으므로 그것을 순서대로 정리
하여 각하께 써서 보내드리는 것이 좋겠다고 생각하였습니
다. 그러하오니 이 글을 보시고 이미 듣고 배우신 것들이 틀
림없는 사실이라는 것을 알아주시기 바랍니다.(「루가의 복음
서」 1:1~4)

그에 반해 마르코는 단순한 언명으로 시작한다. "하느님의 아들
예수 그리스도에 관한 복음의 시작." 번역문으로는 문체의 차이
를 예증하기가 쉽지 않지만 다음 구절을 보면 어떻게 다른지 감
을 잡을 수 있을 것이다.

「마르코의 복음서」 1:1-4

하느님의 아들 예수 그리스도에 관한 복음의 시작. 예언자 이
사야의 글에, "이제 내가 일꾼을 너보다 먼저 보내니 그가 네
갈 길을 미리 닦아놓으리라" 하였고, 또 "광야에서 외치는 이
의 소리가 들린다. '너희는 주의 길을 닦고 그의 길을 고르게
하여라'" 하였는데, 기록되어 있는 대로 세례자 요한이 광야
에 나타나 "회개하고 세례를 받아라. 그러면 죄를 용서받을

것이다" 하고 선포하였다.

「루가의 복음서」 3:1~6

로마 황제 티베리오가 다스린 지 15년째 되던 해에 본티오 빌라도가 유다 총독으로 있었다. 그리고 갈릴래아 지방의 영주는 헤로데였고 이두래아와 트라코니티스 지방의 영주는 헤로데의 동생 필립보였으며 아빌레네 지방의 영주는 리사니아였다. 그리고 당시의 대사제는 안나스와 가야파였다. 바로 그 무렵에 즈가리야의 아들 요한은 광야에서 하느님의 말씀을 들었다. 그러고는 요르단 강 부근의 모든 지방을 두루 다니며 "회개하고 세례를 받아라. 그러면 죄를 용서받을 것이다" 하고 선포하였다. 이것은 예언자 이사야의 책에 기록된 말씀대로였다. "광야에서 외치는 이의 소리, '너희는 주의 길을 닦고 그의 길을 고르게 하여라. 모든 골짜기는 메워지고 높은 산과 작은 언덕은 눕혀져 굽은 길이 곧아지며 험한 길이 고르게 되는 날, 모든 사람이 하느님의 구원을 보리라.'"

루가는 종속구와 종속절을 사용해 문어적인 문장(종속 구조 문장)을 길게 쓰는 경향이 있다. 루가는 예수의 세례에 대한 서술을 역사적·정치적 맥락 안에 놓는다. 마르코가 구사하는 그리스어의 특징은 단순히 '~하였고'로 연결되는 주절들로 이루어진 문장(병렬 구조 문장)으로, 이는 이야기 구술의 특징이기도 하다. 루가가 요한을 먼저 로마 역사에 자리매김시키는 데 반해 마르코는 요한의 출현을 성서의 예언과 연관짓는 데 그치고, 예언자의 말을 인용하면서 구문을 처리하는 데 다소 어려움을 겪는다. 마르코는 그 인용문을 광야에서 나타난 요한에 관한 절에 그저 집어넣는다.

을 입증하는 실례를 쉽게 확인할 수 있다. 4복음서 가운데 가장 먼저 쓰였다는 것이 정설인 「마르코의 복음서」는 그리스어 문체가 투박하다는 점에서나 예수에 대한 이야기와 전언을 구술하는 전통의 내용에 가깝다는 점에서나 작문 수준이 제일 떨어진다. 그에 반해 루가는 자신이 전거를 신중히 가려내는 그리스 역사가로서 믿을 만한 문어체로 쓴다는 것을 분명하게 밝힌다(「루가의 복음서」 1:1~4). 루가의 문체는 눈에 띄게 문어적이고, 히브리 성서의 그리스어 번역본의 두드러진 특징을 반영한다.

성서의 글말 세계

이런 문자성과 구술성의 맥락에서 성서 텍스트들을 작성한 과정은 실제로 어떠했을까? 성서 기자들이 이를테면 현대 소설가와는 아주 다른 방식으로 그 과제에 접근했음을 유념할 필요가 있다. 소설가는 자료를 대체로 통제하고, 상상력과 경험을 토대로 문학작품 전체를 창작하며, 문학적 암시와 전통을 자기 의도대로 활용한다. 그에 반해 고대에 종교적 텍스트의 저자들은 입말이든 글말이든 과거의 퇴적물 때문에 훨씬 더 제약을 받았다. 그들은 텍스트의 지은이인 것 못지않게 엮은이다.

성서의 문학적 세계가 얼마나 다른지를 느끼려면 「창세기」의 두 장만 읽어도 충분하다. 1장에서 우리는 하느님께서 여섯 날 동안 세상을 창조하시고 일곱째 날에 쉬셨음을 알게 된다. 「창세기」의 서사는 카오스와 어둠으로 시작해 천체, 땅과 바다, 식물과 동물의 창조를 거쳐 남자와 여자의 창조로 절정에 이르는 서술로 시작한다. "당신의 모습대로 사람을 지어내셨다. 하느님의 모습대로 사람을 지어내시되 남자와 여자로 지어내시고"(「창세기」 1:27). 1장은 창조의 좋음, 남자와 여자가 세상에 나타나기 이전 창조의 본래적 가치를 강조한다. 그렇다고 해서 창조된 세계를 인간이 지배한다는 1장 28절의 표현을 부인하는 것은 아니다. 그럼에도 인간의 지배에는 한계가 있다. 1장에서는 인간과 동물 둘 다 엄격하게 채식을 한다. (인간은 대홍수를 겪은 뒤에야 「창세기」 9:3~4에서 육식을 허락받는다.) 1장은 "이렇게 만드신 모든 것을 하느님께서 보시니 참 좋았다"로 끝난다.

여기까지는 우리가 생경한 문학적 세계에 들어왔음을 알리는 뚜렷한 신호가 없다. 그러나 2장 4절부터 사뭇 다른 형태로 이야기가 다시 시작된다. 우선 이야기의 구조가 다르다. 1장에서와 달리 날이 경과하지 않는다. 게다가 사건들의 순서가 크게 다르다. 하느님께서 하늘과 땅을 창조하셨다는 간략한(어떤 생명체도 창조하기 전에 나흘에 걸쳐 세상을 창조했음을 강조하는 1장과는 매우 다른) 서술에 뒤이어 초목이 전혀 없는 지구의 모습이 묘사된다. "땅에는 아직 아무 나무도 없었고, 풀도 돋아나지 않았다. 야훼 하느님께서 아직 땅에 비를 내리지 않으셨고 땅을 갈 사람도 아직 없었던 것이다."(2:5) 하느님께서 안개를 일으켜 땅을 적신 다음 첫번째로 사람/아담을 만드신다 (히브리어 낱말 '아담'은 '인간'을 뜻하기도 하고 최초의 인간의 이름을 뜻하기도 한다). 그러나 이 낱말이 통칭인 데 반해 아담은 한 남자이고 무척 독단적이다. 2장의 나머지 이야기의 얼개는 하느님께서 아담을 구제하고 지원하시는 내용이다. 먼저 하느님께서는 아담을 위해 동산을 마련하시고, 선과 악을 알게 하는 나무를 제외한 초목을 주신다. 그런 다음 아담의 벗이 될 동물들을 만드신다. 이걸로도 충분하지 않아서 마지막으로 아담을 재운 다음 그의 갈빗대로 여자를 만드신다. 그러자 아담은 적어도 한동안은 만족한다. 2장은 알몸이면서도 부끄러움을 모르는 남자와 여자로 끝난다.

1장과 2장의 차이는 확연하다. 2장은 하느님을 솔직하게 인간적인 관점에서 서술하고, 인간을 창조의 중심에 자리매김시키고, 아담의 갈빗대로 여자를 만들었다는 말로 남성에 종속된 여성의 위치를 생생하게 상징한다. 하느님은 예술가처럼 흙으로 사람을 빚고, 프랑켄슈타인처럼 남자를 재운 다음 갈빗대를 꺼내 그것을 여자로 바꾼다. 하느님의 사역에 대한

1장의 한결 고상한 서술은 전혀 딴판이다. "하느님께서 "빛이 생겨라!" 하시자 빛이 생겨났다."(1:3) 이 모티프는 1장에서 줄 곧 반복된다. 그에 반해 2장에서는 창조의 목적 전체가 (말 그 대로!) 남자의 필요를 중심으로 돌아간다. 만물이 남자에게 쓰 이기 위해 존재하고, 남자가 없으면 아무것도 생겨나지 않을 것이다. 1장에서 인간은 창조의 정점이기는 해도 엄연히 전체 과정의 일부다. 마지막으로 인간 창조에 대한 2장의 서술은 뻔뻔할 정도로 남성 편향적이다. 남자를 창조하는 일이 최우 선이고 뒤이어 창조되는 모든 것은 남자에게 달려 있다. 여자 는 맨 끝에 궁여지책으로 창조되어 금세 나쁜 짓을 저지른다.

번역문으로는 쉽사리 알 수 없는 차이도 있다. 1장에서 하 느님을 가리키는 히브리어 낱말은 실은 복수형인 엘로힘 (elohim)이다. 2장에서는 엘로힘에 더해 YHWH(관례상 야훼 Yahweh라고 발음하지만 본래 모음이 없는 낱말이다)로 하느님을 지칭한다.

요컨대 같은 이야기를 말하는 두 가지 버전이 있다. 두 버전 은 하느님이라는 중요한 등장인물을 서로 다른 용어로 가리 키고, 창조의 순서, 창조와 남녀의 관계, 그리고 남자와 여자의 상호관계와 관련하여 상당히 상반되는 내용을 포함한다.

이런 현상이 성서의 처음 다섯 권 곳곳에서 되풀이된다. 예 를 들어 대홍수(「창세기」 7:2, 3과 6:19, 7:8, 9, 15), 아브라함의 이주(「창세기」 12:1~4a와 12:4b~5), 하느님과 아브라함의 계약 (「창세기」 15장과 17장), 광야에서 하느님이 내려주신 양식과 메추라기(「출애굽기」 16:2~3, 6~35a와 「민수기」 11:4~34), 십계 명(「출애굽기」 20:1~17, 34:10~28과 「신명기」 5:6~18), 특정한 동물들을 먹지 말라는 음식물 섭취 규칙(「레위기」 11장과 「신명기」 14장)에 대한 서술들은 서로 다르고 얼마간 상충한다. 서사 말고 용어가 다른 사례들도 있다. 어떤 서술에서는 계약의 산이 시나이이고(「출애굽기」 19:1, 24:16) 다른 서술에서는 호렙이다 (「신명기」 4:10, 5:2). 어떤 이야기는 이를테면 죽음과 역병, 회중을 지칭할 때 특정한 히브리어 낱말을 선호하는 반면에 다른 유사한 이야기에는 그런 낱말이 설령 나오더라도 드물게 나온다. 말하자면 같은 이야기의 다른 버전들이 있고, 대체로 일관되게 사용하는 특정한 용어들을 기준으로 그 버전들을 분류할 수 있다.

이 모든 것을 어떻게 생각해야 할까? 학계의 중론은 이 이야기들이 네 가지 다른 문서 자료에서 유래했고 시간이 지남에 따라 합쳐져서 성서의 모세오경이 되었다는 것이다. 네 자료는 야훼 자료(히브리어 YHWH를 독일어로 음역한 Jahwe에서 유래) J, 엘로힘 자료 E, 사제 자료 P, 신명기 자료 D를 말한다. 먼저 J와 E가 합쳐진 다음 후대에 J+E의 서사 얼개에 맞추어 P가 더해졌고, 그 이후 D가 다섯째 권으로 추가된 것으로 추

히브리 성서의 이중 서술

성서에는 두 버전으로 서술되는 이야기가 여럿 있다. 상이한 구술 전통들이 기록된 다음 텍스트의 최종 버전에 포함된 까닭이다. 가나안으로 이주한 아브라함 이야기처럼 상이한 버전들을 단순히 연이어 집어넣은 경우도 있고, 노아의 방주에 실린 동물 이야기처럼 상이한 버전들을 뒤섞어 집어넣은 탓에 학자가 재구성해야 하는 경우도 있다.

아브라함의 이주

「창세기」 12:1~4

야훼께서 아브람에게 말씀하셨다. "네 고향과 친척과 아비의 집을 떠나 내가 장차 보여줄 땅으로 가거라. 나는 너를 큰 민족이 되게 하리라. 너에게 복을 주어 네 이름을 떨치게 하리라. 네 이름은 남에게 복을 끼쳐주는 이름이 될 것이다. 너에게 복을 비는 사람에게는 내가 복을 내릴 것이며 너를 저주하는 사람에게는 저주를 내리리라. 세상 사람들이 네 덕을 입을 것이다." 아브람은 야훼께서 분부하신 대로 길을 떠났다. 롯도 함께 떠났다. 하란을 떠날 때, 아브람의 나이는 75세였다.

「창세기」 12:5

아브람은 아내 사래와 조카 롯과 하란에서 모은 재산과 거기에서 얻은 사람들을 거느리고 가나안 땅을 향하여 길을 떠나 마침내 가나안에 이르렀다.

하느님이 노아에게 전한 동물 관련 지시

「창세기」 7:2~3

깨끗한 짐승은 종류를 따라 암컷과 수컷으로 일곱 쌍씩, 부정

> 한 짐승은 암컷과 수컷으로 두 쌍씩, 공중의 새도 암컷과 수컷으로 일곱 쌍씩 배에 데리고 들어가, 온 땅 위에서 각종 동물의 씨가 마르지 않도록 하여라.
>
> 「창세기」 6:19; 7:8~9; 15
> 그리고 목숨이 있는 온갖 동물도 암컷과 수컷으로 한 쌍씩 배에 데리고 들어가 너와 함께 살아남도록 하여라; 또 깨끗한 짐승과 부정한 짐승, 그리고 새와 땅 위를 기어다니는 길짐승도 암컷과 수컷 두 쌍씩 노아한테로 와서 배에 들어갔다. 노아는 모든 일을 야훼께서 분부하신 대로 하였다; 몸을 가지고 호흡하는 모든 것이 한 쌍씩 노아와 함께 배에 올랐다.

정된다. 그리고 아마도 D가 추가된 시기에 P가 약간의 수정을 거쳐 이스라엘 민족에 대한 통수권을 위임받는 여호수아 이야기에 포함되었을 것이다. 가장 이른 자료는 기원전 11세기까지 거슬러올라간다. 가장 늦은 자료는 기원전 5세기에 편찬되었고, 전반적으로 P의 견해를 반영하는 수정 사항을 포함했을 것이다. 이처럼 모세오경(유대인들은 토라Torah라고 부른다)은 600년 역사에서 취합한 자료들로 이루어져 있고, 종합해보면 하느님이 세계를 어떻게 창조했고 민족들, 특히 이스라엘 민족을 어떻게 대하시는지를 포괄적으로 묘사한다.

구약의 책들만이 다양한 입말 전승과 글말 전승에서 기원

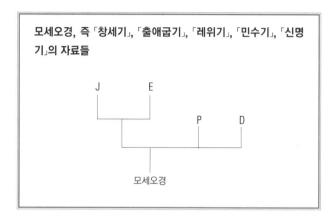

모세오경, 즉 「창세기」, 「출애굽기」, 「레위기」, 「민수기」, 「신명기」의 자료들

J   E

P   D

모세오경

한 것은 아니다. 복음서들도 마찬가지다. 복음서들은 예수의 삶과 죽음, 그리고 부활을 전하는 네 가지 문헌으로서 서로 상당히 일치하면서도 관점과 세부 면에서 흥미로운 차이를 보인다. 특히 처음 세 복음서인 「마태오의 복음서」, 「마르코의 복음서」, 「루가의 복음서」는 두드러지게 일치한다. 많은 사건들의 순서만이 아니라 세부까지 상당히 일치한다. 나아가 각절, 서사의 전반적인 문학적 구조, 문장 구조, 단어 선택, 문법 형태까지 일치한다. 이런 언어상의 일치점이 워낙 확연해서 모종의 문학적 의존이 있었다는 결론, 누군가 다른 누군가를 베꼈다는 결론을 내리도록 거의 강요할 정도다.

이견이 없는 것은 결코 아니지만 중론은 마르코가 제일 먼저 썼고, 마태오와 루가가 「마르코」와 주로 예수의 어록으로

YHWH

이 용어는 히브리 성서 곳곳에서 제법 많이 출현하지만 그 빈도가 일정한 것은 결코 아니다. 성서 텍스트를 소리 내어 읽을 경우 주(主)를 의미하는 히브리 낱말 아도나이(adonai)의 모음들을 YHWH에 집어넣는다. 이 모음들과 함께 읽으면 네 자음자 YHWH는 여호와(JeHoVaH)와 비슷하게 소리가 난다. 본래 발음은 아마도 야훼(Yahweh, 때로는 Jahweh)였을 테지만, 실제 발음의 어형은 남아 있지 않다. 유대인들은 하느님의 이름을 깊이 경외하므로 '주' 같은 대안을 선호한다. 학자들은 하느님 이름의 상이한 표기 형태들에 근거하여 모세오경으로 합쳐진 주요한 문서 자료들을 식별한다.

이루어진 이른바 Q 자료를 참조하여 복음서를 썼다는 것이다. 초기 그리스도교를 연구하는 역사가는 이 추정을 바탕으로 4복음서 및 Q 자료와 관련된 신학적 관점들을 재구성할 수 있다. 그러나 이로써 논의가 마무리되는 것은 아니다. 제일 먼저 썼다는 마르코는 과연 어떻게 썼을까? 마르코는 어디서 자료를 얻었을까? 당시 구전된 자료들이 있었고 마르코가 그것들을 모아 일종의 정리를 한 것이 틀림없다. 이와 비슷하게 가설상의 Q 자료(넓게 보아 「마태오」와 「루가」에 공통으로 포함된 어록) 역시 글말이 아니라 입말 형태였을 것이다.

학자들은 4복음서에 선행한 구전의 역사를 얼마간 재구성

세리를 부르는 예수의 언행을 묘사하는 아래 대목들은 두드러지게 같은 언어를 구사한다. 이를 설명하는 가장 쉬운 길은 셋 중에 둘이 나머지 하나를 베꼈다고 생각하는 것이다. 각기 다른 기자들의 이해와 강조점이 변했음을 가리키는 듯한 차이점에 주목하는 것도 흥미로운 일이다.

「마태오」 9:9~13

예수께서 그곳을 떠나 길을 가시다가 마태오라는 사람이 세관에 앉아 있는 것을 보시고 "나를 따라오너라" 하고 부르셨다. 그러자 그는 일어나서 예수를 따라나섰다. 예수께서 마태오의 집에서 음식을 잡수실 때에 세리와 죄인들도 많이 와서 예수와 그 제자들과 함께 음식을 먹게 되었다. 이것을 본 바리사이파 사람들은 예수의 제자들에게 "어찌하여 당신네 선생은 세리와 죄인들과 어울려 음식을 나누는 것이오?" 하고 물었다. 예수께서 이 말을 들으시고 "성한 사람에게는 의사가 필요하지 않으나 병자에게는 필요하다. 너희는 가서 '내가 바라는 것은 동물을 잡아 나에게 바치는 제사가 아니라 이웃에게 베푸는 자선이다' 하신 말씀이 무슨 뜻인가를 배워라. 나는 선한 사람을 부르러 온 것이 아니라 죄인을 부르러 왔다" 하고 말씀하셨다.

「마르코」 2:13~17

예수께서 다시 호숫가로 나가셨다. 군중도 모두 따라왔으므로 예수께서는 그들을 가르치셨다. 그리고 그 후에 길을 가시다가 알패오의 아들 레위가 세관에 앉아 있는 것을 보시고 "나를 따라오너라" 하고 부르셨다. 그러자 레위는 일어나서 예수를 따라나섰다. 어느 날 예수께서는 레위의 집에서 음식을 잡수시게 되었다. 예수를 따르던 사람들 중에는 세리와 죄인들도 많았는데 그중 여럿이 예수와 그의 제자들과 함께 그 자리에 앉아 있었다. 바리사이파의 율법학자들은 예수께서 죄인과 세리들과 한자리에서 음식을 나누시는 것을 보고 예수의 제자들에게 "저 사람이 세리와 죄인들과 어울려 같이 음식을 나누고 있으니 어찌된 노릇이오?" 하고 물었다. 예수께서 이 말을 들으시고 "성한 사람에게는 의사가 필요하지 않으나 병자에게는 필요하다. 나는 의인을 부르러 온 것이 아니라 죄인을 부르러 왔다" 하고 대답하셨다.

「루가」 5:27~32
이 일이 있은 뒤 예수께서 그곳을 떠나 길을 가시다가 레위라는 세리가 세관에 앉아 있는 것을 보시고 "나를 따라오너라" 하셨다. 그러자 그는 모든 것을 버리고 예수를 따라나섰다. 레위는 자기 집에서 큰 잔치를 베풀고 예수를 모셨는데 그 자리에는 많은 세리들과 그 밖에 여러 사람이 함께 앉아 있었다. 이것을 본 바리사이파 사람들과 그들의 율법학자들은 못마땅하게 생각하여 예수의 제자들에게 "어찌하여 당신들은 세리와 죄인들과 어울려 먹고 마시는 것입니까?" 하고 트집을 잡았다. 예수께서 이 말을 들으시고 이렇게 대답하셨다. "건강한 사람에게는 의사가 필요하지 않으나 병자에게는 필요하다. 나는 의인을 불러 회개시키러 온 것이 아니라 죄인들을 불러 회개시키러 왔다."

하려 시도했으나 그 결과는 썩 고무적이지 않았다. 구전에서 문자 기록으로 이행한 기간은 짧았다. 예수가 죽고 채 40년도 지나기 전에 「마르코」가 쓰였다. 이는 구전 자료가 특정한 형태로 고정될 시간이 거의 없었음을 의미한다. 예수의 마지막 날들에 대한 구전 서사가 널리 퍼져서 그리스도교 예배에 쓰이는 한편 4복음서에 실린 예수에 죽음에 대한 다양한 서술(수난 서사)의 바탕이 되기는 했을 것이다. 그렇다 해도 「마르코」(또는 가설상의 Q 자료)에서 무엇이 구전에서 유래한 요소이고 무엇이 마르코 본인의 요소인지 가려내기란 어렵다.

그럼에도 예수와 관련된 이야기와 어록이 글로 쓰이기 전에 다양한 입말 형태로 퍼져나갔다는 것은 제법 자신 있게 말할 수 있다. 히브리 성서와 마찬가지로 4복음서는 입말 문화에 뿌리박고 있다. 그렇지만 이 점에서는 히브리 성서와 닮았다 해도, 복음서들은 구술성에서 문자성으로 급격히 넘어가는 인상적인 변화도 보여준다. 채 40년이 안 되는 기간에 예수의 삶과 죽음, 그리고 부활을 서술한 4대 복음서는 놀라운 성취다. 4복음서는 서기 1세기 지중해 세계에서 사회의 모든 층위에 걸쳐 글말 생산이 점점 더 중요해졌음을 분명하게 가리킨다. 또한 세상의 극적인 종말이 임박했다고 믿으면서도 그 사회의 일부가 되고 싶어했던 초기 그리스도인들의 속내를 드러낸다.

요컨대 성서를 이루는 책들은 단일 저자가 몇 년 만에 쓴 작품이 아니다. 오히려 수백 년간 이어져왔을지 모르는 공동

구전을 반영하는 편찬물이다. 단일 저자가 쓴 책들의 비중이 훨씬 높은 신약의 경우에도 4복음서는 초창기 그리스도인들의 구전을 보존하는 중요한 공동 생산물이다.

그런데 성서의 많은 책들은 입말 문화와 전승에 깊이 뿌리박고 있기는 해도 분명히 글말 작품이다. 첫째로 성서의 책들은 글말 형식과 관습을 사용한다. 성서에는 갖가지 글말 형식이 들어 있다. 히브리 성서는 관례상 세 부분으로, 즉 토라, 예언서, 성문서로 나뉜다. 토라(모세오경)는 성서의 처음 다섯 권으로 이루어지며 서사와 율법 텍스트가 섞여 있다. 토라의 일부(「창세기」, 「출애굽기」, 「민수기」)에서는 서사가 우세하고, 다른 일부에서는 율법 자료가 우세하다(「레위기」와 「신명기」). 「신명기」는 모세가 죽고 여호수아가 이스라엘 민족을 약속의 땅까지 인도하기에 앞서 모세가 전하는 마지막 설교다. 예언서는 예언자들의 책으로 이루어지며 서사와 신탁을 둘 다 포함한다. 성문서 가운데 예언서 앞에 위치하는 역사서는 「여호수아기」, 「판관기」, 「사무엘기」, 「열왕기」 등으로 이루어진다. 이 책들은 스토리텔링의 걸작을 포함하면서도 독특한 신학적 관점을 가진 민족의 역사를 구성하기도 한다. 그 외에 성문서는 시와 잠언이 섞인 책들을 포함한다.

신약은 여기에 여러 형식을 더했다. 신약의 새로운 형식으로는 당대의 전기 또는 '열전(列傳)'을 닮은 복음서, 개인끼리

신약 책들의 근사 연대와 동시대 저자들

	신약의 책	동시대 그리스어와 라틴어 저자
49	「1데살로니카」	알렉산드리아의 필론, 유대인 헬레니즘 철학자(기원전 15~기원후 50)
52~54	「갈라디아」 「1고린토」	플루타르코스, 그리스 역사가·철학자·작가(46~120)
55~56	「2고린토」 「로마서」	에픽테토스, 그리스 스토아 철학자(50~138)
60~62	「필레몬」 「필립비」	유베날리스, 로마 풍자작가 (58~138) 세네카, 로마 스토아 철학자, 네로 황제의 명령을 받고 자살(65)
68~70	「마르코」	페트로니우스, 로마 풍자작가, 자살(66)
75~90	「마태오」, 「루가」, 「사도행전」	마르티알리스, 경구 시인(40~104)
90년대	「요한」, 「1요한」, 「2요한」, 「3요한」, 「유다」	
95~96	「묵시록」	
100~130	「2베드로」	

다른 책들의 연대는 서기 1세기의 마지막 30년으로 넓게 잡을 수 있다.

「골로사이」

「에페소」

「히브리」

「1디모테오」, 「2디모테오」, 「디도」

「야고보」

주고받은 아주 짧은 편지(「필레몬」)부터 정교한 논고처럼 16장으로 이루어진 바울로의 「로마서」까지 각양각색인 서간, 그리스도교 문학에서 장차 본보기가 될 유명한 인물들의 언행을 기록한 행전(行傳), 서기 1세기 유대교에서 꽤 인기를 누린 동시대의 형식인 묵시록 또는 계시록 등이 있다. 다시 말해 성서의 저자들과 편찬자들은 다양한 글말 형식을 이용했던 것이다. 이 형식들 중 다수는 민중적인 입말 문화에서 기원했을 테지만, 성서를 쓰고 편찬하는 전통 안에서 그런 글말 형식은 책을 쓰는 방식에 영향을 끼치고 또 그 방식을 제약하게 되었다. 당대의 전기 형식을 변주한 복음서 형식(마르코가 창안했을 것이다)마저도 다른 정경 복음서 저자들과 정경에 들지 못한 책을 쓴 다른 많은 저자들에 의해 금방 모방되었다. 성서는 글말 전승과 형식을 활용하기도 했고 창안하기도 했다.

성서 속의 인유

글말 전승 안에서 집필한다는 이런 의식은 저자들이 먼저 쓰인 성서의 책들을 참조하는 방식에 반영되었다. 저자들이 민족의 역사에서 위대한 인물들의 삶과 언행을 기록하면서 그들을 비교한 것은 자연스러운 일이다. 「신명기」의 말대로 "그 후로 이스라엘에는 두 번 다시 모세와 같은 예언자, 야훼와 얼굴을 마주보면서 사귀는 사람은 태어나지 않았다. 모세가 야훼의 사명을 띠고 이집트 땅으로 가서 파라오와 그의 신하들과 그의 온 땅에 행한 것과 같은 온갖 기적과 표적을 행한 사람은 다시 없었다"(34:10~11) 할지라도, 후대 저자들은 비교하려는 시도를 단념하지 않았다. 예를 들어 모세로부터 이스라엘 민족을 약속의 땅까지 인도하는 임무를 위임받은 여호수아는 계약궤를 가지고서 요르단 강에 도착했을 때 분명히 홍해의 기적을 인유(引喩)한다. 두 경우 모두 이스라엘 민족은 물길 앞에서 야영을 하고 이튿날 아침에 전진한다. 두 경우 모두 물길이 기적처럼 갈라져 벽이 되고(「출애굽기」 14:21~22) 둑을 이루어 우뚝 선다(「여호수아기」 3:13, 16). 그렇지만 여호수아는 줄곧 모세에게 들은 대로 행동하고, 이스라엘 민족은 "모세가 살아 있는 동안 그를 늘 두려워했듯이 여호수아도 두려워하게 되었다"(4:14). 이와 비슷하게 하느님께서 「판관기」 6장에서 기드온을 부르신 이야기와 「출애굽기」 3장에서 모세를 부르신 이야기도 비교할 수 있다. 「판관기」 6장 7~10절과 13절은 과거의 이집트 탈출을 명시적으로 언급한다. 언어상 유사점도 있다. "내가 너와 함께 있으리라"(「판관기」 6:16, 「출애굽기」 3:12와 비교하라). 게다가 두 이야기는 구조도 비슷하다. 이스라엘 민족이 억압을 당하고, 구원자가 하느님의 부르심을 받고, 이민족의 신이 파멸하고, 거룩한 전쟁이 벌어진다. 후대의 성서 저자들이 선대의 이야기를 다시 말하는 가운데 이런 유사점 찾기는 계속되었다.

그 과정은 구약의 책들로 끝나지 않았다. 성서 외에 히브리어와 그리스어 문헌과 신약에서도 이런 이야기 다시 말하기는 계속되었다. 「마태오」에서 예수의 유년 이야기는 인용문들을 포함하고 모세의 출생 이야기를 간접적으로 인유한다.

이 간략한 예들이 보여주는 것은 전승되는 텍스트들끼리 대화하는 살아 있는 종교 전통이다. 이 전통에서 어떤 책에 고정되어 있는 계시는 후대의 책들에 포함되고 해석된다. 이렇게 문헌들끼리 상호작용하는 범위는 분명 여기서 예시할 수 있는 수준보다 훨씬 넓다. 모세는 성서의 서사들 곳곳에서 후대 인물들을 판단하는 기준으로 사용되었다. 이와 비슷하게 이집트를 탈출하고 광야를 헤매고 가나안 땅을 차지한 이야기는 율법·예언·전례 자료에서 거듭 언급되었다. 성서에서 전하는 과거의 큰 사건들은 현재를 경험하고 미래를 꿈꾸는 방식에 불가피하게 영향을 끼쳤다. 광야를 헤맨 이후 약속의 땅으로 들어간다는 테마는 훗날 이사야의 예언서에서 유랑 중인 사람들에게 귀환할 희망을 품고 이스라엘의 영광스러운 복원을 기대하도록 독려하기 위해 쓰였다. 때가 되면 모든 민족이 모여들어 시온에, 예루살렘 성전과 이스라엘 민족이 되찾은 영광에 경의를 표할 터였다(「이사야서」40:1~11, 60:1~14

성서 저자들은 자신의 서사를 쓰면서 과거의 서사와 문학적 모티프를 활용했다. 아래에서 「출애굽기」 4:19~21과 「마태오」 2:19~21의 긴밀한 연관성을 확인할 수 있다.

「출애굽기」 4:19~21
야훼께서 미디안에서 모세에게 이르셨다. "어서 이집트로 돌아가거라. 너를 죽이려고 찾던 자들이 다 죽었다." 모세는 아내와 아들을 나귀에 태우고 이집트로 돌아갔다. 모세의 손에는 하느님의 지팡이가 들려 있었다.

「마태오」 2:19~21
헤로데가 죽은 뒤에 주의 천사가 이집트에 있는 요셉의 꿈에 나타나서 "아기의 목숨을 노리던 자들이 이미 죽었으니 일어나 아기와 아기 어머니를 데리고 이스라엘 땅으로 돌아가라" 하고 일러주었다. 요셉은 일어나서 아기와 아기 어머니를 데리고 이스라엘 땅으로 돌아왔다.

참조).

　그리스도가 탄생한 무렵에는 유대인들도 이사야의 미래상을 믿고 있었다. 사해 두루마리를 쓴 쿰란 분파는 광야로 나가는 것을 이스라엘의 궁극적 복원과 성전의 쇄신을 준비하는 일로 여겼다. 「마르코」의 첫머리에서 세례자 요한은 "주님의 길"을 선포한다. 물론 요한은 자신이 주는 세례가 예수를 위한 길을 미리 닦아놓는 일이라는 뜻으로 말한 것이다. 요한은 내

뒤에 오실 더 훌륭한 분께서 물이 아닌 성령과 불로 세례를 베풀실 거라고 예언한다.

이사야의 텍스트와 쿰란 분파의 텍스트는 아주 다른 맥락에서 형성되었으며 그 차이를 고찰하는 것은 흥미로운 일이다. 이사야의 텍스트는 유대 민족이 바빌론에 포로로 잡혀 있던 기간에 작성되었다. 「이사야서」는 뿌리가 뽑힌 사람들에게 약속의 땅으로 돌아가 예전의 영광을 되찾을 날을 약속한다. 사실 그들은 더 큰 영광을 누릴 것이다. 모든 민족이 찾아와 주님의 영광을 인정할 것이다. 그에 반해 쿰란 분파는 약속의 땅 안에서 망명 생활을 했고, 로마 점령군과 성전의 사제들 양쪽 다 어둠의 영에 지배당하고 있다고 보았다. 쿰란 분파의 세계는 외세가 그들의 독립을 빼앗고 종교 전통을 훼손하자 다시 한번 뒤집혔으며, 이를 계기로 그들은 유대 민족의 종교 지도자들을 더이상 신뢰하지 못하게 되었다. 바빌론에 잡혀갔던 사람들처럼 그들도 유대 역사의 창건기로 되돌아가리라는 예언자의 희망찬 전망을 받아들였다. 그렇지만 그들이 기대한 것은 망명지에서 약속의 땅으로 돌아가는 물리적 의미의 귀환이 아니라 점령군을 타도하고 성전과 그곳 사제들을 복원하고 쇄신한다는 의미의 귀환이었다.

「마르코」에서는 이런 옛 예언의 의미가 더욱 확장된다. 로마에서 박해받는 비유대인 그리스도교 공동체를 위해 집필한 쿰란 분파는 1947년 쿰란 계곡 근처 동굴들에서 처음 발견되어 일대 흥분을 자아낸 사해 두루마리를 쓴 공동체다. (아마도) 그들은 기원전 2세기 초에 셀레우코스 왕조에 맞서 조직된 저항단체에서 갈라진 집단일 것이다. 그들은 사해의 호반에 위치한 키르벳 쿰란에서 엄격한 규율에 따라 독신 생활을 했고, 성서 필사본과 주석서뿐 아니라 자체 율법·전례·예언 자료까지 방대한 문헌을 생산했다. 그들은 거룩한 전쟁에서 로마군을 물리치고 이스라엘을 수복하리라 기대했다. 이 공동체는 서기 68년 유대 전쟁 도중에 파괴되었다.

마르코는 이스라엘과 예루살렘 성전의 쇄신 또는 복원에는 조금도 신경쓰지 않았다. 마르코가 보기에 "주님의 길"은 광야에서 시작해 예수께서 행하신 설교와 치유, 마귀 쫓음을 거쳐 예루살렘에 이르는 길이었다. 그곳에서 예수가 십자가에 못박히고 성전의 휘장이 찢어졌다. 그 후 예수의 제자들은 명에 따라 갈릴리로 돌아간 다음 모든 민족에게 복음을 전하러 떠났다. 마르코의 비유대인 공동체가 직면한 공적인 고문과 박해 같은 문제는 더이상 특정한 민족에 국한된 사안이 아니었다. 그렇기에 민족의 영광을 되찾겠다는 태도로는 그런 문제의 해결책을 찾을 수 없었다. 마르코는 마귀를 쫓으시고 제자들에게 당신 곁에 머무르고(3:14) 모든 민족에게 복음을 전파하라고(13:10) 말씀하신 예수에게서 해결책을 찾아야 한다고 보았다.

살아 있는 입말과 글말 전승

이 장에서 나는 성서를 이루는 책들이 어떻게 쓰였는지에 대한 인상을 주고자 했다. 특히 문화에서 글말이 갈수록 중요해졌으나 아직까지 여러 면에서 입말이 우세했던 기간에 성서의 책들이 생겨났다는 사실을 강조했다. 이 사실은 유대인과 그리스도인의 입말 전승에 깊이 뿌리박고 있는 텍스트들을 모아놓은 성서에 그 흔적을 남겼다. 이 텍스트들은 모두 점진적으로 기록되었으며, 전체 집필 과정 자체가 단계별로 진행되었을 것이다. 오늘날 우리가 아는 성서의 책들은 다른 글말 모음과 문서를 토대로 삼거나 실제로 포함했을 것이다.

입말 전승은 일단 기록되고 나면 글말 작품을 추가로 생산하거나 기록된 다른 입말 전승을 편집하는 데 영향을 끼칠 수 있었다. 성서에서 먼저 기록된 텍스트는 나중 텍스트에 영향을 주는 동시에 나중 텍스트에 의해 개작되고 심지어 전복되기도 했다. 입말이든 글말이든 전승은 역동적이고 때로는 이견이 분분한 과정이었다. 분명 전승은 한목소리로 말한 것이 아니라 같은 언어를 각기 다르게 구사하는 여러 목소리로 말했다. 그 목소리들은 표현과 모티프를 고르고 공동 저장고에서 이미지와 관념을 선택하여 때로는 서로 확연히 다른 방식으로 재발표했다. 이는 이야기와 역사, 율법과 규정을 둘러싼 논쟁, 금언과 어록, 편지, 그리고 미래상을 활기차고 폭넓게 교환하는 과정이었다. 각기 다른 시점에 각기 다른 상황에서 행복을, 또는 고통과 압제를 겪은 사람들은 그런 경험을 납득하고자 성서 텍스트들에 담긴 풍부한 어휘에 의존하곤 했다. 그 텍스트들은 문제를 처리하고 민족을 강화하고 이웃과 화합하려는 사람들에게 법률적·사회적·정치적 지혜의 풍성한 원천이었다. 아울러 꿈의 재료이기도 했다. 속박에서 구제받은 사건이나 광야에서 영웅처럼 인내한 사건과 같은 과거의 위대한 사건이 미래에 재현될 수도 있었다. 과거와 그 영광을 그대로 반영하는 새로운 세계가 천만뜻밖에 출현할지도 모를 일이었다. 성서를 쓰면서 과거의 텍스트를 전유하고 개작하는 이런 과정은 앞으로 살펴볼 것처럼 차후 유대교와 그리스도교 공동체의 성서 수용 역사에서 계속 되풀이되었다.

제 3 장

———————————————

성서의 형성

성서의 여러 이름

이제까지 나는 '성서'라는 표현으로 무엇을 의미하는지 묻지 않은 채 성서에 관해 퍽 자유롭게 말했다. 성서(bible)라는 낱말 자체는 책을 뜻하는 그리스어 비블리온(biblion)의 복수형인 비블리아(biblia)에서 유래했다. '성서'라는 표현의 단수성은 어근에 복수성의 의미가 있음을 감춘다. 성서는 책들의 모음이다. 그런데 어떤 책들을 어떤 이유로 모았을까?

어느 사전은 성서를 이렇게 정의한다. "그리스도교의 구약성경과 신약성경, 성경의 사본, 성경의 특정한 본(주교 성서, 반바지 성서, 인쇄공 성서, 식초 성서, 사악한 성서), (…) 권위 있는 책." 두말할 나위 없이 이 정의는 오늘날 잉글랜드를 비롯한 다른 많은 나라에서 사용하는 영어에서 성서의 표준적이고도

성서의 불량 판본들

인쇄공의 실수와 특이한 번역 탓에 별칭을 얻은 성서 판본이 여럿 있다. 개중에 유명한 몇 가지만 꼽아보겠다.

반바지 성서: 1560년 제네바판으로 「창세기」 3:7의 '두렁이(aprons)'를 '남성용 반바지(breeches)'로 옮겼다. 이 번역어는 존 위클리프(John Wycliffe)의 성서에도 나온다.

인쇄공 성서: 「시편」 119:161의 '권세가들(Princes)'을 '인쇄공들(Printers)'로 오기했다. 그 결과 출판업자들이 보기에 절묘한 문장이 탄생했다. "인쇄공들이 저를 까닭 없이 박해하오나".

식초 성서: 「마태오」 20장의 소제목 '포도밭 우화'에서 '포도밭(vineyard)'을 '식초(vinegar)'로 잘못 쓴 1717년판.

사악한 성서: 제7계명을 "간음하라"로 바꾸어버린 1632년판.

관례적인 의미이며, 성서의 용법에 그리스도교가 끼친 영향을 뚜렷하게 반영한다. 그 사전은 성서가 두 부분으로, 즉 구약과 신약으로 이루어진다고 정의하고, 구약과 신약의 모음이 권위의 원천임을 가리킨다. 그리고 훗날 달라진 의미를 덧붙인다. 이 모음에는 갖가지 본(本)이 있다.

그렇지만 이것이 성서의 본질에 대한 유일한 견해는 아니다. 적어도 오늘날에는 '성서'라는 낱말이 '히브리 성서', '유대교 성서', '그리스도교 성서' 같은 표현에도 쓰인다. 유대교의 신성한 경전들 중 다수는, 유대인들이 시종 '성서'라고 부르거나 말거나, 엄연히 그리스도교 성서에 포함된다.

서로 다르면서도 연관된 이 책 모음들의 역사를 논하기에 앞서 명명법에 대해 간단히 말하겠다. 우선 유대교 경전들부터 살펴보자. 유대인들이 신성하다고 여기는 책 모음은 여러 이름으로 불려왔다. 그중에서 널리 쓰인 이름을 꼽아보면 '경전', '경전들', '신성한 경전들', '책들', '24권', '율법, 예언, 성문서', '타나크'(Tanak, 성경의 세 부분을 의미하는 히브리어 낱말 토라Torah(율법서), 느비임Nebi'im(예언서), 케투빔Ketubim(성문서)의 머리글자를 모아서 만든 준말), '미크라'(mikra, 문자 그대로 '〔큰 소리로—저자〕 읽는 것') 등이 있다. 이 가운데 타나크와 미크라는 중세에 확립된 이름이다. 정확한 시점을 못박기는 어렵지만 '유대교 성서'와 '히브리 성서' 같은 이름은 한참 후부터 쓰이기 시작했다. 유대교 경전들은 근래 들어서야 (다문화 또는 다신앙의 맥락에서 보면 부적절한 '구약 교수' 같은 직함을 쓰는) 종교학과에서 상당히 주목하는 주제가 되었다.

그리스도교의 용법은 이런 유대교 이름들에 뿌리를 두고 있다. 신약의 책들에는 히브리 '경전(scripture)'과 '경전들'을 언급하는 대목이 있으며, 이 가운데 단수형은 특정한 구절(간혹 「마르코」 12:10처럼 '이 경전'의 구절을 인용한다) 또는 경전 전체(예컨대 「로마서」 4:3)를 가리킨다. 'scripture'로 경전 전체를 가리키는 용법은 히브리 경전의 그리스어 번역본인 70인역

(Septuagint)에서 유래했을 것이다. 이 역본은 "YHWH의 말씀에 따라" 같은 표현을 "경전 속 하느님의 말씀에 따라"(예컨대 「역대기 상」 15:15)로 옮겼다. 70인역 이후 이 용법은 그리스도교 전통에서 줄곧 쓰였다. 일례로 중세의 위대한 가톨릭 신학자 토마스 아퀴나스의 저작에서는 신성한 경전(sacra scriptura)이 성서를 가리키는 표준 용어로 쓰였다. 오늘날에도 로마가톨릭 신학자 집단 내에서는 성서를 가리키는 표현으로 신성한 경전을 선호한다.

신약에서는 그리스어 비블리온(책)이 율법서를 가리키는 표현으로 이따금 쓰인다(「갈라디아」 3:10; 「히브리」 9:19). 이 역시 70인역의 용법을 따른 것이다. 그렇지만 서기 1세기에 그리스어로 글을 쓴 다른 유대인 저자들, 그중에서도 플라비우스 요세푸스(Flavius Josephus)와 알렉산드리아의 필론은 주로 비블리온의 복수형인 비블리아를 사용했고, 이 용법이 훗날, 적어도 4세기 후반부터는 확실히 교회의 표준이 되었다. 그리스어에서 차용한 라틴어 비블리아는 중세가 되어서야 단수 표현으로 쓰이기 시작했고, 그 이후 유럽 언어들의 용법에 반영되었다(la bible, la biblia, die Bibel 등).

간단히 말해 신성한 텍스트들의 모음으로서의 '성서(Bible)'는 여러 형태의 그리스도교 경전을 가리키는 표현으로 처음 쓰였다. 그리고 나중에야 히브리 경전과 그리스도교 경전을 구별하기 위해 유대교 경전을 가리키는 표현으로도 쓰이게 되었다. 그런 이유로 근래에 성서는 두 가지 뜻으로 쓰인다. 다시 말해 유대교 성서를 가리키기도 하고 그리스도교 성서를 가리키기도 한다(두 성서에는 다시 여러 형태가 있다). 이제 우리는 이 모음들이 어떻게 형성되었는지 고찰해야 한다. 유대교 공동체들과 그리스도교 공동체들에서 경전들을 모으고 확정하는 과정은 어떤 다양성을 낳았을까?

유대교 정경의 형성: 히브리 성서와 그리스어 역본

특정한 공동체의 경전들을 모으고 확정하는 과정을 흔히 경전의 정경화(正經化, canonization)라고 한다. 그리스어 낱말 카논(kanon)은 막대기 또는 갈대를 뜻하고, 넓게는 규칙 또는 척도를 뜻한다. 신성한 글들로 이루어진 정경을 만드는 일은 어떻게 보면 공동체의 규범이 될 모음집을 만드는 일이다. 유념해야 할 아주 중요한 사실은 유대교 경전이나 그리스도교 경전이나 초기부터 여러 언어로 된 역본들을 낳았다는 것이다. 경전을 모으는 과정과 번역하는 과정은 긴밀히 연관되었다. 그렇지만 여기서는 현실적인 이유로 히브리 성서의 형성과 그리스어 역본의 형성을 따로 살펴보는 편이 편리할 것이다.

히브리 성서의 형성

앞서 확인한 대로 그리스도교의 구약과 (중요한 변경을 수반한) 히브리 성서를 구성하는 글들은 900여 년에 걸쳐 집필되었다. 그 글들을 공동체에서 권위 있는 책으로 모으는 데에도 오랜 세월이 걸렸다. 간단히 말하자면 성서를 이루는 글들 가운데 이른 시점에 집필된 율법서와 역사서(이스라엘 민족이 약속의 땅으로 들어가서 영광을 누리고 재앙을 겪는다는 이야기의 기록)가 먼저 확정되었다. 그 후에 대예언서(「이사야서」, 「예레미야서」, 「에제키엘서」, 「다니엘서」)가 확정되었고, 마지막으로 '성문서'라고 통칭하는 시, 노래, 금언, 그리고 더 명상적인(때로는 겉보기에 회의적인) 글 등이 정해졌다. 율법서는 기원전 400년 무렵에, 예언서는 기원전 200년 무렵에 정경이 되었다는 것이 통설이다. 마지막 부분인 성문서의 확정 시점은 훨씬 덜 분명하다.

살펴본 대로 신약은 권위 있는 경전들(graphai)의 존재를 분명히 인정하고 이따금 이 경전들을 더 구체적인 이름으로 언급한다. 이를테면 '율법과 예언서'(「마태오」 7:12, 22:40; 「루가」 16:16; 「요한」 1:45; 「사도행전」 13:15 등)라고 부른다. 율법서, 예언서, 성문서 세 부분으로 나눈 후대의 분류법에 상응하는 언급은 비교적 늦게 집필된 유대교 경전들에 나온다. 예컨대 「집회서」의 머리글과 39:1~2, 「마카베오기 하」 2:13~14에서 찾아볼 수 있다. 「루가」 24:44에서도 분명히 경전 전체라는 뜻으로 세 부분을 언급한다. 예수가 부활한 뒤 엠마오에 있는 제자들에게 나타나 말하는 대목이다. "내가 전에 너희와 함께 있을 때에도 말했거니와 모세의 율법과 예언서와 시편에 나를 두고 한 말씀은 반드시 다 이루어져야 한다."

처음 두 부분인 율법서와 예언서는 비교적 고정되어 있었고 셋째 부분인 성문서는 상당히 유동적이었다는 이런 인상이 사실임을 뒷받침하는 증거가 있다. 바로 사해 두루마리 사이에서 발견된 성서 필사본들이다. 서기 1세기에 유대교 분파가 가지고 있던 장서의 내용이 거의 전부 사해 두루마리에 담겨 있다(다만 그중 일부는 작은 단편만이 남아 있다). 사해 두루마리는 오늘날의 확정된 히브리 성서에서 「에스델」을 뺀 책들을 전부 포함한다. 다른 한편으로 사해 두루마리는 24권 경전에 관한 합의가 이미 상당히 이루어져 있었음을 시사하는 동시에 이 시기에 유동성이 꽤나 컸음을 시사하는 다른 특징들도 보여준다. 첫째로 쿰란에서 발견된 시편 필사본들에는 뜻밖에 누락된 시(시편 제110편을 포함해 총 35편)와 상당수의 추가된 시가 있다. 가장 긴 두루마리인 11QPsa에는 오늘날의 시편에 포함된 41편과 종전까지 히브리어로 알려지지 않은 8편이 담겨 있다. 또한 사해 두루마리에는 (쿰란 공동체 생활의 역사 및 규율과 직접 연관된 문서들 외에) 오늘날 히브리 성서에 포함되지 않는 제법 많은 문서들도 있다. 그중 일부는 70인역에 포함되었다. 일부 문서들은(예컨대 쿰란 분파의 고유한 문서들에서 발견되는 신학적 관점에 가깝게 창세기 서사를 고쳐 말하는 「희년서」같은) 유대교 공동체에서도, 그리스도교 공동체에서도 정경에 들지 못하고 있다. 그렇지만 에티오피아 정경에는 「희년서」가 들어 있다.

그렇다면 서기 70년에 예루살렘이 함락되고 그 결과로 유대교 내에서 권위의 원천인 성전이 제거되고 얼마 지나서 히브리 성서의 최종 형태가 출현한 것으로 보인다. 그래도 정경화 과정에 대한 흥미로운 물음은 남는다. 어떤 책을 정경이라고 선언할 권위는 누구에게 있었을까? 전승대로 예루살렘함락 이후 얌니아(야브네)에서 요하난 벤 자카이(Johanan ben Zakkai)를 중심으로 모인 바리사이파 집단에 있었을까? 오늘날 많은 사람들은 지중해와 중동 전역의 유대교 공동체들에 정경을 인정하라고 명령할 권위가 이 집단에 있었다는 것을 의심한다. 정경화 과정은 유대교 공동체들이 일부 책들의 가치와 다른 책들의 위험성을 인식함에 따라 점진적으로 진행되었을 공산이 크다. 그들은 유대 전쟁(66~73)뿐 아니라 바르코크바 반란(132~135)에서도 로마군에 패한 고통스러운 경험을 감안하여, 우주적 전투를 더 맹렬하게 벌여 유대교의 적을 타도하자는 전망을 담은 책들은 더욱 조심스럽게 판별했을 것이다. 쿰란 문서 가운데 「에녹서」는 정경에서 배제된 반면에 「다니엘서」 같은 다른 책들은 정경으로 남았는데, 그 책들이 전쟁 이전에 더 널리 통용되었기 때문일 것이다. 2세기 들어서도 한참 동안 확실하게 합의된 정경은 없었을 것이다.

이것으로 이야기가 끝난 것은 아니다. 이 시기에 정경 책들의 텍스트는 모음 부호 없는 히브리어로(소수는 아람어로) 쓰였다. 이는 문자 텍스트에 자음자만 있었음을 의미한다. 그래서 자음자들을 잘못 옮겨 적고, 서로 다르게 발음하고, 심지어 서로 다르게 묶어서 전혀 다른 단어를 만들어낼 여지가 상당히 많았다. 나중에야 자음자만 있는 텍스트에 모음 부호를 넣는 체계가 고안되어 이런 모호함이 대체로 해결되었다. 마소라 학자들이 확립한 이 체계를 따르는 텍스트는 아무리 일러도 서기 6세기부터 생산되기 시작했다.

그리스어 역본: 70인역

알렉산드로스의 대원정 이후인 기원전 4세기 후반부터 유대인이 거주하는 대부분의 지역에서 그리스어가 주요한 의사소통 수단이 되었다. 지중해와 중동 곳곳에는 넓게 흩어져 살아가는 유대인 공동체가 있었다. 유대인 다수는 알렉산드리아처럼 그리스어를 사용하는 도시에서 자랐고 그리스어 학교를 다녔다. 그들은 더이상 히브리어로 말하지 않았다. 기원전 3세기 중엽부터 모세오경이 그리스어로 번역되었고, 뒤이어 성서의 다른 책들도 수백 년에 걸쳐 그리스어로 옮겨졌다. 요컨대 히브리 성서의 그리스어 번역 과정과 정경화 과정은 같은 시기에 나란히 진행되었다.

그리스어 역본은 보통 70인역(Septuagint)이라 부른다. 이 이름은 70을 뜻하는 라틴어 셉투아진타(septuaginta)에서, 그리고 이집트 프톨레마이오스 2세의 의뢰를 받아 유대교 원로 72명이 모세오경을 그리스어로 번역했다는 이야기가 실린 「아리스테아스의 편지」에서 유래했다. 그들은 전폭적인 지원을 받으며 부지런히 작업하여 단 72일 만에 번역을 마쳤다고 한다. 보통 이 이야기는 전설로 간주되지만, 70인역이라는 용어는 살아남아 학계에서도 쓰이고 있다. 70인역은 흔히 약어 LXX로 지칭한다.

나란히 진행된 번역과 정경화 과정에는 호기심을 돋우는 특징이 많다. 첫째, 히브리어 텍스트와 그리스어 텍스트 사이에 상당한 차이가 있다. 특히 「예레미야서」는 그리스어 텍스트가 훨씬 더 짧다. (흥미롭게도 쿰란에서 발견된 「예레미야서」의 히브리어 텍스트는 히브리어 정경보다 그리스어 텍스트에 더 가깝다.) 둘째, 정경으로 포함된 책의 수를 비교할 때 70인역의 본들 사이에, 그리고 70인역과 히브리 성서 사이에 상당한 차이가 있다. 대체로 보아 「에스드라기 제1서」, 「솔로몬의 지혜」,

「집회서」, 「유딧기」, 「토비트기」, 「바룩서」, 「예레미야의 편지」, 「마카베오기 제1~4서」, 「솔로몬의 시편」은 히브리 성서에는 없지만 70인역에는 포함된다. 셋째, 배열 순서에 차이가 있다. 70인역은 히브리 성서의 세 부분 분류법을 포기한다. 70인역에서는 모세오경과 나머지 역사서가 뚜렷하게 구분되지 않았던 것으로 보인다. 그 이후로 성서 책들의 배열 순서는 좀처럼 일치되지 않았다. 일부 필사본들은 (신교 성서처럼) 시편과 지혜서를 예언서 앞에 두는 반면에 다른 필사본들은 예언서 뒤에 둔다. 또 어떤 역본들은 「다니엘서」를 대예언서에 포함하는 데 반해 어떤 역본들은 소예언서에 포함한다.

그리스도교 구약

70인역은 이산해 살아가는 유대인들을 위한 번역본으로서 출현했으나 그 후에 그리스도교 공동체에 받아들여져 (이제 히브리 성서의 다른 이름인) 구약을 전하는 매개가 되었다. 이는 그리스도교 성서가 애초부터 히브리 정경 모음보다 더 많은 책들을 포함했음을 의미한다. 70인역의 언어는 신약의 저자들 여럿에게 영향을 주었다. 성 히에로니무스가 4세기 말과 5세기 초에 그리스도교 성서를 라틴어로 번역하기 전까지 70인역의 위상은 의심받지 않았다. 히에로니무스가 번역에 착수

해

했을 무렵 이미 성서의 많은 책들을 라틴어로 옮긴 역본들이 있었다. 히에로니무스는 가능한 한 히브리어 원문으로 돌아가려 했다. 그는 오늘날 우리가 가진 히브리 성서 텍스트의 초기 형태를 번역 대본으로 삼았고, 히브리어를 익히고자 무던히 노력했다. 그 덕분에 그리스도교 구약의 공식 라틴어 역본인 불가타(Vulgata) 성서가 오랜 세월 변하지 않는 안정성을 갖추게 되었다.

그렇지만 그리스도교 구약의 역사가 여기서 멈춘 것은 결코 아니다. 성서의 라틴어 번역은 라틴어를 쓰는 서방 그리스도교와 그리스어, 시리아어, 콥트어, 에티오피아어 등을 쓰는 동방 그리스도교가 각기 다른 노선으로 접어든 계기였다. 동방 교회들의 성서들은 서로 크게 다르다. 에티오피아 정교회의 정경은 81권으로 이루어지며, 여기에는 쿰란 분파의 장서에 있었으나 훗날 유대교 정경에서 빠진 묵시록적 텍스트들이 여럿 들어 있다. 대체로 보아 정교회들은 70인역을 좇아 유대교 정경보다 많은 책들을 구약에 포함한다.

종교개혁 이전까지는 서방 교회도 마찬가지였다. 그러다가 종교개혁기에 상전벽해처럼 바뀌었다. 우선 구약의 히브리어 텍스트에 대한 관심이 되살아났다. 흠정역(킹제임스역 King James Version) 성서 번역자들은 구약의 초기 번역본들을 비판하고 "그것들은 히브리어라는 수원에서 나온 것이 아니

흠정역 또는 킹제임스역은 성서의 영역본 가운데 가장 유명할 것이다. 흠정역이 영문학과 영어에 가장 큰 영향을 끼친 성서인 것은 확실하다. 1604년 햄프턴 궁정 회의에서 제임스 1세는 잉글랜드의 청교도 지도자 존 레이널즈의 제의를 받아들여 흠정역을 의뢰했다. 제임스 왕이 임명한 학자 54명은 6개 위원회로 나뉘어 케임브리지, 옥스퍼드, 웨스트민스터에서 기존 영역본들을 비교하고 교정하여 잉글랜드 교회에서 표준 역본으로 쓰일 성서를 완성했다. 흠정역 초판은 1611년에 발간되었고 뒤이어 수차례 소소한 수정을 거쳤다. 새국제성서(New International Version)에 밀려난 1988년까지 흠정역은 미국에서 가장 많이 팔리는 성서였다.

라…… 그리스어라는 개울에서 나왔다. 그리스어가 완전히 깨끗하지 않은 탓에 거기서 나온 라틴어는 탁할 수밖에 없다"라고 불평했다. 그에 반해 히에로니무스의 번역은 "수원 자체에서" 나온 것이었다.

이런 견해와 짝을 이룬 태도는, 비록 흠정역 서문에서 명시적으로 밝히진 않았지만, 70인역에만 포함된 책들보다 히브리 성서에 포함된 책들을 훨씬 더 경외하는 입장이었다. 70인역에만 들어 있는 책들은 구약과 신약의 책들과 분명하게 구별되며 '외경(外經, Apocrypha)'이라 불린다. '숨겨진' 또는 '감추어진'을 뜻하는 그리스어 형용사 '아포크뤼포스'(apokryphos)에서 유래한 복수 명사인 '아포크리파'는 1520년에 독일 종교개혁가 안드레아스 카를슈타트(Andreas Karlstadt)가 도입했다. 본래 '아포크뤼포스'라는 표현은 지혜로운 자들 또는 비밀 단체의 입회자들에게 비의를 전수하기 위한 별도의 책들이 있음을 시사했다. 근대 종교개혁가들은 외경을 미심쩍게 여겼는데, 「마카베오기 하」에 그들이 거부한 가톨릭의 관행인 죽은 자들을 위한 기도가 들어 있었기 때문이다(12:43~44). 외경 전반을 불신하는 이런 태도는 성공회의 공동기도서에 반영되어 있다. 여기에 수록된, 공개적으로 봉독하기 위한 성서 구절 가운데 외경의 구절은 매우 드물고 그마저도 대부분 「집회서」(「시락서」), 「바룩서」, 「솔로몬의 지혜」에서 가져온 것이다. 그에 반해 로마 가톨릭교회는 70인역에만 포함된 책들의 권위를 재확인하고 '제2정경'이라 불렀다. 트리엔트 공의회 이후에 출간된 불가타 성서는 (70인역처럼) 이 책들을 구약의 책들 사이에 재배치했지만, 「므나쎄의 기도」와 「에즈라기 제3~4서」는 부록으로 격하했다. 그때 이후로 다시 한번 상황이 급변하여 1820년대부터 (신교의) 성서공회들 사이에서 외경을 전부 빼고 성서를 인쇄하는 것이 관행이 되었다. 공동성서처럼 교회의 일치를 추구하는 근래의 성서들은 외경 또는 제2정경을 다시 포함하고 있다.

3. 킹제임스 성서의 표제지

트리엔트 공의회(1545~1563)는 종교개혁기의 분란을 해소하고 가톨릭교회 성직자들의 폐단을 시정하려는 신성로마 황제 카를 5세의 요구를 받아들여 교황 바오로 3세가 소집했다. 이 공의회 참석자들은 종교개혁가들의 가르침에 대응하여 가톨릭의 교리를 규정했고, 종전까지 열려 있던 교리상의 쟁점들을 해결했다. 또한 경전과 전승의 관계, 성서 영감설의 본질, 성서 해석에서의 교도권(敎導權)의 위상 등 많은 사안을 결정했다. 트리엔트 공의회는 정경과 제2정경의 책들을 밝힌 권위 있는 목록을 발표했고, 불가타 성서를 교회에서 사용하는 공식 라틴어 역본으로 인정했다.

그리스도교 신약

그리스도교 신약의 정경(즉, 명확히 그리스도교에서 기원한 글들)이 형성된 과정은 히브리 경전들이 정경화된 과정과 그리 다르지 않다.

그리스도교의 초기에는 당연히 그리스도인이 쓴 경전이 없었다. 초대 그리스도인들이 생각한 '경전'은 훗날 구약이라 불리게 된 경전들이 아니었다. 초대 교인들이 경전을 염두에 두고서 글을 썼을 것 같지도 않다. 그렇지만 그리스도교의 글들이 그 자체로 경전으로 보이기 시작하자 기존 경전들과 구별할 필요가 생겼다. '구약'과 '신약'이라는 표현은 2세기 말부터 통용되었다. 본래 두 표현은 각각 하느님께서 모세를 통해 이스라엘 민족과 맺은 계약과 예수를 통해 교회와 맺은 계약을 가리켰다. 구약과 신약은 성서의 책들이 옛 계약과 새 계약에 속한다는 뜻이었지 그 책들 자체가 계약이라는 뜻은 아니었다. 물론 훗날 구약과 신약은 그 책들 자체를 가리키게 되었다. 일례로 킹제임스 성서의 표제지에는 "구약과 신약을 포함하는 성서"라고 적혀 있다(그림 3 참조).

그리스도교의 토대를 놓은 인물들의 글들은 어떻게 교회에서 권위를 인정받았을까? 그 글들의 목표는 각양각색이었다. 바울로의 편지는 믿음과 실천의 특정한 문제와 관련하여 지중해 일대의 교회들에(또는 예외적으로 한 개인인 필레몬에게) 때때로 보낸 글이었다. 어떤 면에서 그 편지는 교회에 직접 가지 못하는 바울로를 대신하여 조언과 권고, 논증, 훈계, 질책을 전하는 대리인이었다. 의심할 나위 없이 바울로는 본인의 권위를 행사하려는 의도로 편지를 썼고, 아마도 회중의 모임에서 편지가 낭독되게 할 생각이었을 것이다. 이런 의미에서 바울로의 편지는 편지를 수신한 공동체의 경배 행위에서 일정한 기능을 했다. 일부 다른 편지들, 특히 이른바 공동서신 (Catholic epistles, 「야고보의 편지」, 「베드로의 첫째·둘째 편지」, 「요한의 첫째·둘째·셋째 편지」)은 더 많은 신도들에게 읽히려는 의도로 썼을 것이다. 실은 「요한의 묵시록」도 마찬가지다. 다만 이 글은 편지가 아니라 엄연히 묵시록(미래상과 계시를 전하는 글)이다.

4복음서를 쓴 목표 또는 목표들이 무엇인지 말하기는 조금 더 어렵다. 일각에서는 바울로와 마찬가지로 복음서 저자들이 그들 자신의 공동체 내부에서 특정한 쟁점에 대처하기 위해 복음서를 썼다고 생각해왔다. 「마태오」의 경우, 예루살렘 성전이 파괴된 뒤 바리사이파 전통을 계승한 유대교의 지배 집단과 관련하여 그리스도교 유대인 회중의 위치를 정당화하기 위해 썼다는 주장이 제기되었다. 예컨대 이 복음서에서 예수는 "율법과 예언서들을 완성하러"(5:17) 온 스승으로 나타나고 바리사이파는 "눈먼 길잡이들"(15:14)로 비난받는다. 다른 한편, 복음서 저자들이 주로 예수의 삶과 죽음, 그리고 부활을 기록했다는 명백한 사실을 간과해서는 안 된다. 그들은 후세를 위해 기록을 남겼고, 그들 신앙의 중심에 놓인 사건들에 대해 그들 자신의 중요한 견해를 밝혔다. 그들이 특정한 지역에 거주하는 소규모 회중을 위해 그런 노고를 감내했을 공산은 적다. 실제로 분명 4복음서는 금세 더 널리 유포되었고, 4복음서 말고도 오늘날 신약에 포함된 다른 많은 글들이 곧 유포되었다. 그런 글들은 과연 어떤 글이 그리스도교 경전의 권위 있는 목록에 포함되어야 하느냐는 문제가 해결되기 전부터 분명 경전으로 여겨졌을 것이다.

다시 말해 본래 어떤 의도와 계기로 썼든 그리스도교에서 경전으로 받아들여진 글들이 지중해 곳곳에 산재하는 교회들을 통해 점점 많이 퍼져나갔다. 신약의 정경은 어떻게 확정되었을까? 학자들은 이 물음을 두고 의견을 달리하며, 아래 서술은 한 가지 견해일 뿐이다. 문제는 정경화 과정의 증거가 드문드문 흩어져 있는데다가 대개 간접적이라는 것이다. 학자들은 2세기부터 5세기까지 신학자들이 신약의 다양한 책들을 사용한 방식을 증거로 삼을 수밖에 없다. 아울러 정경에 넣음직한 특정한 책의 권위와 정통성을 분별한 교회의 다양한 판정과 특정한 필사본의 실제 내용에 의존할 수밖에 없다. 이 모든 증거는 역사가들이 재구축한 초기 교회의 전반적인 발전상과 대조하여 평가해야 한다.

정경 형성의 첫 단계는 그리스도교의 글들을 모으는 것이었다. 2세기 초엽에 바울로의 편지들이 제일 먼저 모였다. 최초의 모음은 편지 10통이었다(「고린토인들에게 보낸 첫째·둘째 편지」, 「로마인들에게 보낸 편지」, 「에페소인들에게 보낸 편지」, 「데살로니카인들에게 보낸 첫째·둘째 편지」, 「갈라디아인들에게 보낸 편지」, 「필립비인들에게 보낸 편지」, 「골로사이인들에게 보낸 편지」, 「필레몬에게 보낸 편지」). 나중에 이른바 목회서신, 즉 「디모테오에게 보낸 첫째·둘째 편지」와 「디도에게 보낸 편지」가 더해졌고, 마지막으로 「히브리인들에게 보낸 편지」(다른 편지들과 달리 수신자에게 보내는 바울로의 인사말이 없다)가 추가되었

성서 속 가명

고대 세계에서는 어떤 글의 실제 저자가 다른 유명한 저자나 인물인 양 가장하곤 했다. 고대 그리스의 문헌 중에는 거짓으로 플라톤과 소크라테스의 이름을 붙인 글들이 있다. 구약 가운데 「시편」에 다윗의 이름이 붙어 있기는 해도 「시편」 전부를 다윗 혼자서 쓴 것은 분명히 아니다. 모세의 이름이 붙은 율법서 가운데 많은 부분은 훗날 이스라엘 왕국에서 유래했다. 작자 미상인 지혜서에는 솔로몬의 이름이 붙었으며, 예언서 「이사야서」와 「즈가리야서」의 상당 부분은 후대에 추가한 것이다. 위경(僞經)이라 불리는 일군의 글들도 있다. 교회는 구약에서 신약으로 넘어가는 시대에 기록된 이 글들이 (모세가 썼다고 하는 「희년서」처럼) 타인의 이름을 거짓으로 붙인 문서라고 인정했다.

신약 가운데 가명으로 쓴 글이 얼마만큼 많은지는 논란이 더 분분한 쟁점이다. 바울로가 썼다고 하는 편지들 전부를 실제로 그가 썼을까? 「골로사이」와 「에페소」는 확실히 언어와 사유 면에서 「로마서」와 「갈라디아」와 다르지만, 둘 사이에는 뚜렷한 유사점도 있다. 목회서신은 바울로의 사유를 단조롭게 만들고 복음의 힘보다는 교회의 질서와 존경받을 자격에 더 관심을 두는 것으로 보인다. 많은 학자들은 4복음서의 이름이 시사하는 대로 예수를 목격한 마태오, 마르코, 루가, 요한이 과연 복음서를 직접 썼을지 의심한다. 의심을 떨치기에는 입말 전승을 개작하고 다른 복음서에서 구절을 그대로 가져왔다는 증거가 너무 많기 때문이다.

왜 진리를 전하려던 사람들이 자기 글을 일부러 가명으로 썼을까? 단 한 가지 설명으로는 이 물음에 답할 수 없을 것이다. 어떤 경우에는 급진적인 견해에 전승의 힘을 더하고자 오래된 권위에 호소했을 것이다. 「에녹 제1~2서」의 미래상이 이 설명에 들어맞을 것이다. 또 어떤 경우에는 특정한 학파의 저자들이 스승의 사상에 너무도 큰 빚을 졌다고 생각해 스승의 이름으로 계속 집필했을 것이다. 그렇게 스승의 이름을 가명으로 사용함으로써 그들은 간혹 후대의 공격으로부터 스승을 변호하려 했을 것이다. 이런 이유로 신약의 편지들 일부에 바울로의 이름이 붙게 되었는지도 모른다.

다. 이 모음은 초기에는 많이 인용되지 않았으나 2세기 말에 이르러 교회 지도자들 사이에서 널리 존중받고 사용되었다. 다만 초창기 '이단자들' 중 한 명인 마르키온이 바울로의 10서신을 자기 교설의 주된 전거로 삼기도 했다.

그다음에 등장한 모음은 4중 복음서다. 복음서는 논란이 더 분분한 문제다. 정경에 속하는 복음서들은 모두 1세기 말까지 쓰였을 테지만, 그것으로 복음서 집필이 끝났던 것은 결코 아니다. 많은 집단들이 자기네 전승을 홍보하는 데 열을 올렸음을 감안하면 복음이 과잉 생산된 것은 이해할 만한 일이다. 그렇다 해도 신앙의 근본적인 자료가 그토록 다양하다는 사실에 일반 독자들이 당황하기 일쑤라는 문제가 있었다. 170년에 타티아노스는 약간의 구전 자료를 더해 마태오·마르코·루가의 복음서를 단일한 서사로 합침으로써 문제를 해결하려 했다. 그러나 복음서들을 화합시키려던 그런 시도는 결국 성

4복음서가 정경으로 받아들여진 과정을 분명하게 밝히기란 쉽지 않다. 여하튼 중요한 사실은 주요 교회들의 전례에서 4복음서가 공개적으로 읽혔다는 것이다. 네번째인 「요한의 복음서」가 영지주의 (이단) 집단들의 주목을 끈 탓에 의심을 받기는 했지만, 4복음서가 2세기 말까지 확실히 정해졌다는 뚜렷한 증거가 있다. 「토마의 복음서」(실은 예수의 어록집), 「히브리인에 따른 복음서」, 「에비온파의 복음서」, 「이집트인에 따른 복음서」, 「필립보의 복음서」, 「마티아의 복음서」, 「베드로의 복음서」 등은 교회 주류가 아닌 주변부의 유대인 그리스도교 집단 또는 영지주의 집단과 더 밀접하게 연관되었고, 4복음서만큼 받아들여지지 못했다.

공하지 못했다. 2세기 말까지 '4중 복음'이 받아들여졌다. 여기에는 특정한 복음서 저자의 관점에 따라 저마다 '고유한' 복음을 전하는 네 권이 포함되었다. 정경의 핵심인 4복음서가 정치적 타협의 흔적을 간직하고 있다는 것은 그리스도교의 두드러진 특징이다. 어떤 특정한 복음서도, 심지어 혼합 복음서도 압도적인 지지를 얻지 못했다. 이런 타협의 배경에는 단일 서술로는 네 사람이 목격한 복음을 충분히 표현할 수 없다는 광범한 공통 인식이 있었을 것이다. 이런 생각은 '마태오에 따른 복음서' 같은 4복음서의 제목에 반영되어 있다. 4복음서는 교회에 계시된 신비를 각기 다른 관점으로 표현하려는 시도다.

전술한 두 모음은 2세기 말까지 고정된 반면에 신약 정경의 세번째 주요 부분인 공동서신의 내용을 두고는 의견이 더 엇갈렸다. 공동서신은 특정한 회중보다는 모든 교회를 대상으로 쓴 편지들로 보였다. 반드시는 아니지만 대체로 「베드로의 첫째 편지」와 「요한의 첫째 편지」는 2세기와 3세기에 정경으로 받아들여졌다. 다른 편지들은 받아들여지기까지 더 오래 걸렸다. 「야고보의 편지」, 「베드로의 둘째 편지」(베드로 말년의 글), 「요한의 둘째·셋째 편지」(아주 논쟁적인 편지들로, 특히 신자들에게 그리스도의 가르침에서 벗어난 자와는 인사도 하지 말라고 주문한다), 「유다의 편지」는 지지를 훨씬 적게 받았다. 동방 일부 지역들에서는 「요한의 둘째·셋째 편지」를 6세기까지도 부인했다.

이처럼 교회가 그리스도교의 경전들을 받아들인 과정은 그런 모음들의 형성과 밀접히 연관된 점진적 과정이었던 것으로 보인다. 4세기에 작성된 다수의 정경 목록들은 오늘날의 정경 대부분과 정경에 들지 못한 글들을 각기 다른 비율로 포함하고 있다. 또한 그 목록들 사이에는 특히 「베드로의 둘째 편지」, 「요한의 둘째·셋째 편지」, 「히브리인들에게 보낸 편지」, 「유다의 편지」, 「요한의 묵시록」과 관련하여 유의미한 차이가 있다.

그리스도교 텍스트를 받아들이는 오랜 과정은 결국 수차례 열린 교회 회의에서 일련의 결정을 내리는 것으로 마무리되었다(그 회의들 중에 공의회는 없었다). 그럼에도 의견 차이는 남았다. 라오디케 회의(363)는 정경 목록에서 「요한의 묵시록」을 뺐다. 히포 회의(393)와 카르타고 회의(397)는 오늘날의 신약과 같은 27권 목록을 내놓았다. 대체로 보아 사도들 가운데 한 명이 썼거나, 그리스도교 초기에 (보편성의 기준에 맞추어) 교회 일반을 대상으로 썼거나, 정통 신앙이라고 판단한 책들을 목록에 포함했다. 그렇지만 이런 기준은 융통성 있게 적용되었다. 「히브리인들에게 보낸 편지」는 과연 저자가 사도일지 의심받았고, 바울로 서신은 엄밀히 보편적이지 않았으며, 「유다의 편지」와 「베드로의 둘째 편지」는 오랫동안 전승된 텍스트가 아니었다. 「요한의 묵시록」도 의심받았는데, 어느 정도는 이단 집단들(몬타누스파 같은) 사이에서 인기를 얻었기 때문이고, 어느 정도는 묵시록의 약속이 장차 그리스도의 지상 통치로 실현되리라 주장하는 사람들이 있었고 그들의 견해가 정치적 불안 및 전복과 결부되기 십상이었기 때문이다. 「요한의 묵시록」은 작자가 사도 요한이 아니라는 공격을 받았고, 동방에서는 10/11세기까지 받아들여지지 않았다.

초기 교회의 신약 정경 목록들

괄호 안의 숫자는 총 권수다. 이 목록들은 초기 몇 세기 동안 일부 책들의 정경 지위에 관한 견해가 상당히 다양했음을 보여준다.

무라토리 정경(24)
4복음서
사도행전
바울로의 13서신(히브리 제외)
유다의 편지
요한의 첫째·둘째 편지
솔로몬의 지혜
요한의 묵시록
베드로의 묵시록

코덱스 클라로몬타누스(27)
4복음서
바울로의 10서신(필립비인들에게 보낸 편지, 데살로니카인들에게 보낸 첫째·둘째 편지 제외)
베드로의 첫째·둘째 편지
야고보의 편지
요한의 첫째·둘째·셋째 편지
유다의 편지
바르나바의 편지
요한의 묵시록
사도행전
바울로 행전
헤르마스 목자
베드로의 묵시록

에우세비우스

수용(21 또는 22)
4복음서
사도행전
바울로의 14서신
베드로의 첫째 편지
요한의 첫째 편지
요한의 묵시록?

논쟁(9 또는 10)
야고보의 편지
유다의 편지
베드로의 둘째 편지
요한의 둘째·셋째 편지
바울로 행전
헤르마스 목자
베드로의 묵시록
디다케
요한의 묵시록?

거부
베드로의 복음서, 토마의 복음서, 마티아의 복음서 등
안드레 행전, 요한 행전 등

정경의 쓰임새는?

신앙이 서로 다른 공동체들이 어떻게 서로 다른 책들을 모아 신성하고 규범적인 정경의 지위를 부여했는지 아주 간략하게 살펴보았다. 유대교 공동체에서든 그리스도교 공동체에서든 이 과정은 대부분 비공식적으로 진행되었다. 달리 말해 서로 다른 책 모음들이 점차 신성하고 권위적이며 특히 예배용으로 적합하다고 인정받게 되었던 것이다. 후대 그리스도교 신학의 언어로 말하자면, 정경의 수용 과정이 공식적인 정경 규정 과정에 선행했다. 더구나 정경을 인정한 이 과정은 대개 논쟁을 동반했다. 정경화 과정은 단순히 특정한 책 모음이 점차 인기를 얻는 문제가 아니었다. 특정한 모음에 속하는 책들, 심지어 공인된 최종 모음에 속하는 책들의 위상을 두고도 논쟁이 벌어지곤 했다. 사람들은 특정한 책을 모음에 넣기 위해서만이 아니라 빼기 위해서도 싸웠다. 동방에서 천년왕국을 염원하는 「요한의 묵시록」은 큰 의심을 샀다. 그런 전복적인 책들은 각별히 주의해서 다루고 해석해야 했다.

다시 말해 정경화란 곧 일부 책들의 권위를 인정하는 한편 다른 책들의 권위를 부인하는 과정이다. 신성한 책들은 그것들을 신중하게 통제할 책무를 수반한다. 정경을 사용하는 공동체들에 정경은 힘과 생명의 근원인 동시에 잠재적 위협이다. 정경에 준하여 살아가는 공동체들은 정경으로 인해 사이가 멀어지기도 한다. 예로부터 어떤 공동체를 지탱해온 경전이 별안간 고통스럽고 폭력적인 균열을 야기할 수도 있다.

정경의 권위는 어떤 종류의 권위인가? 예루살렘에서 가르치는 유대교 철학자 모셰 할버탈(Moshe Halberthal)은 텍스트에 부여할 수 있는 권위를 규범적 권위와 형성적 권위로 나누는 유익한 구별법을 제시했다. 먼저 규범적 권위에 대해 말하자면, 공동체가 어떤 텍스트를 정전으로 공인하는 것은 곧 공동체의 삶을 규제하는 규범이 그 텍스트에 담겨 있다고(또는 그 텍스트에서 생겨난다고) 선언하는 것이기도 하다. 그런 텍스트는 공동체에서 결정을 내리고, 분쟁을 조정하고, 믿음과 실천의 문제를 판정할 방도를 제공한다. 법전이 가장 뚜렷한 실례일 것이다. 이 관점에서 보면 성서를 정경으로 선언하는 것은 곧 교회에서 신앙과 실천을 판결하는 데 필요한 전거를 성서에서 찾을 수 있다고 선언하는 것과 같다. 그렇다면 성서에서 묘사하는 실천이 특정한 행위 형태를 지시한다고(또는 적어도 승인한다고) 여길 수 있다. 예를 들어 죽은 자들을 위한 기도(「마카베오기 하」 12:43~44)나 토착 민족 말살(「여호수아기」, 「판관기」, 「사무엘기 상」 15)을 지시한다고 생각할 수 있다. 그런데 성서는 분명 율법을 포함하지만 서사와 잠언, 시, 편지, 예수의 생애 등 다른 많은 것들도 포함한다.

공동체에서 정경이 규범적 기능만 하는 것은 아니다. 특정한 나라에서 교과과정의 근간을 이루는 문학 고전은 규범적·법적 효력은 없을지 몰라도 공동체를 형성하는 아주 강력한 기능을 한다. 고대 그리스의 고전 문학, '성서와 셰익스피어', 괴테와 실러를 비롯한 고전은 유럽과 북아메리카의 공동체들에 그들의 경험을 논하고 이해하게 해주는 공통의 언어와 사유를 제공해왔다. 그런 일군의 글에 의해 형성되는 공동체들은 대개 이 세계와 적절한 행동방식에 대한 기본적인 믿음을 공유할 것이다. 그리고 그 믿음을 중심으로 강하게 결속하는 한편 그 믿음을 두고서 격론을 벌일 것이다. 실제로 성서는 공동체의 삶과 신앙의 준거가 되는 규칙과 규범의 원천으로 기능해온 것 못지않게 공동체를 형성하는 역할을 해왔다. 성서는 평범한 신자들에게(아울러 믿음이 특별히 강하지 않은 사람들에게도) 삶을 이해하는 데 필요한 개념적 도구를 제공했고, 그들은 그 도구에 의지해 인생을 각양각색으로 이해해왔다.

많은 신자들이 보기에 성서는 논쟁의 소재가 아니었다. 그렇지만 다른 신자들은 성서의 언어와 이미지에 근거하여 경험을 각기 다르게 이해하다가 격렬한 논쟁과 분쟁을 일으키곤 했다. 쿰란 분파의 유대인들이 삶의 준거로 삼은 경전은 동시대 다른 유대인들의 경전과 동일했다. 쿰란 분파는 성전, 약속의 땅, 율법, 계약에 대한 기본적인 믿음을 다른 유대인들과 공유했지만, 이런 믿음을 상세히 해석하는 문제에서는 그들과 단호히 대립했다. 16세기 그리스도교 개혁가들은 가톨릭교회의 교황 및 사제들과 같은 믿음을 상당 부분 공유했지만, 어떤 믿음이 성서에 의해 뒷받침되고 '입증'되느냐는 문제를 둘러싸고 그들과 첨예하게 맞섰다. 또한 종교개혁가들은 성서에 의지하여 중세 교회의 특정한 교의에 강력한 반론을 제기했다. 마르틴 루터(Martin Luther)는 장차 종교개혁의 토대가 될 '하느님의 의로움'이라는 표현의 의미를 마침내 파악했을 때, 마치 천국의 문이 자신을 향해 열린 듯했다고 말했다. 그 약진으로부터 성서를 읽는 전혀 새로운 방법, 따라서 세계와 인간의 행위를 생각하는 완전히 새로운 방법이 흘러나온 듯했다. 이처럼 1세기 유대인들, 그리고 16세기 종교개혁가들과 그에 맞선 가톨릭교도들은 저마다 규범으로서의 성서, 신앙 논쟁에 권위적인 판결을 내리는 방도로서의 성서에 호소했으나 그로 인해 분쟁은 악화되기만 했다.

성서의 정경 텍스트와 사람들이 그 텍스트에서 취하는 의미의 관계는 십중팔구 법전과 법적 판결의 관계보다도 복잡하다. 우선 우리가 주목한 대로 정경 텍스트 자체가 복잡하고 다양하다. 정경은 오랜 집필과 편찬 과정의 산물이다. 처음부터 끝까지 모호한 구석 하나 없이 명료한 정경 텍스트는 없다. 어느 텍스트에나 의미가 불분명한 구절과 척 보기에도 모호한 구절이 있다. 더욱이 본디 은유적이거나 시적인 일부 텍스발레리아노 마그니(Valeriano Magni)의 저서 『비가톨릭교도들의 믿음의 잣대에 대한 평가』는 규범적인 성서의 권위에 호소하여 격렬한 종교 분쟁을 해소하고픈 욕구를 잘 보여준다. 마그니는 카푸친회(가톨릭 프란치스코 수도회의 분파) 수사로서 종교개혁 이후 신교도를 개종하는 활동에 적극 참여하는 한편 예수회와 갈등을 빚기도 했다. 저서에서 마그니는 신앙의 문제들과 관련하여 완전한 합의를 이끌어낼 성서 읽기의 잣대를 확립하고자 한다. 성서를 제대로 이해하면 수학처럼 확실하게 올바른 믿음을 확정할 수 있다는 것이다.

"잣대는 선을 그을 때 반드시 직선이 되도록 돕는 도구다. 따라서 믿음에서 오류를 범하지 않게 해주는 규범은 믿음의 잣대라고 불린다." (Scholder, p. 14에서 인용)

트는 사람들에게 세상을 어떻게 바라보라고 그저 지시하려는 의도가 아니라 그들 자신의 관점에서 세상의 미래를 다시 그려보도록 자극하려는 의도로 쓴 것이다. 그런 경우에 독자들은 단순히 정경 텍스트의 의미를 독해하는 데 그치지 않을 것이다. 오히려 독자들은 그들 자신의 믿음과 세상 경험을 이해하는 데 보탬이 되는 방향으로 텍스트를 읽을 것이다.

어떤 텍스트를 정경에 넣는 것은 공동체 내에서 그 텍스트에 권위적인 위상을 부여하는 것이다. 그런데 그 텍스트가 겉보기에 공동체의 믿음 및 기대와 조화를 이루지 못하면 어떻게 될까? 구약의 「아가雅歌」는 훌륭한 연가(戀歌)다. 그런데 이런 시를 어떻게 신성한 경전으로 받아들일 수 있을까? 「전도서」의 전망은 심히 회의적이다. 그런데 미덕과 악덕, 보상과 징벌 사이의 어떠한 연관성도 철저히 부정하는 것으로 보이는 책을 어떻게 이해해야 할까? 그런 경우에는 신성한 글들이 서로 불협화음을 줄이고 화음을 맞출 수 있도록 적절한 해석 전략을 찾아야 할 것이다. 할버탈이 다소 도발적으로 말한 대로 텍스트의 의미는 정경에 포함된다는 사실로 인해 바뀐다. 정경에 드는 텍스트라면 모름지기 그에 걸맞은 의미를 가져야 하는 것이다.

신성한 텍스트를 정경에 집어넣는 결정은 또다른 의미로도 문제를 일으킬 수 있다. 특정한 텍스트를 정경으로 받아들이는 공동체는 그 텍스트에 대한 소유권을 주장하고, 아울러 그 텍스트를 읽고 해석하는 방법에 대한 권리까지 주장한다(시간이 지나면서 그런 읽기 전략이 얼마나 변하든 간에). 어떤 세계관과 에토스를 옹호하는 공동체의 정경 텍스트라면 대체로 그런 관점에서 읽히기 마련이다. 그러나 이런 권리 주장은 신앙 공동체 외부인들의 반발을 불러올 것이다. 외부인들은 텍스트를 되찾아 이 신앙 공동체와는 확연히 다른 방법으로 읽을 수도 있고, 텍스트에 의미를 부여하는 그들의 독법을 받아들인 다음 공격할 수도 있다. 근대 신학의 창설자들 중 한 명인 슐 라이어마허(Schleiermacher)가 만든 표현을 쓰자면, 신성한 텍스트의 힘 자체가 신자들과 '종교를 멸시하는 교양인들' 간의 열띤 논전을 계속해서 야기할 수 있다.

이 책의 남은 부분에서 우리가 시도할 일은, 특정 형태의 성서에 준하여 살아가는 다양한 신앙 공동체의 신자들과 그 외부의 사람들이 성서 텍스트를 읽어온 방법들 중 일부를 살펴보는 것이다. 대체로 보아 이것은 갖가지 독법들을 기술하는 일이다. 나는 성서 텍스트를 이해하고 해석하는 그야말로 다채로운 독법들이 어떤 경의를 불러일으키기를 바란다. 그 경의는 어떤 이들에게는 애정과, 더 나아가 사랑과 짝을 이루는 경의일 것이다. 다른 어떤 이들에게는 불발탄에 바치는 경의에 더 가까울 것이다. 그렇게 각기 다른 반응이 가능하고 또 적절한 이유를 우리는 어렵지 않게 확인할 수 있다.

제 4 장

신자들 세계의
성서

텍스트는 정경이 되고 나면 변한다. 즉 신성한 텍스트가 된다. 정경에 드는 텍스트의 새로운 위상을 인정한 공동체에서 신자들은 그런 텍스트를 별개 문헌으로, 다른 텍스트와는 다르게 대해야 할 특별한 문헌으로 여긴다. 이런 이유로 그들이 신성한 텍스트에 기대하는 바는 나머지 텍스트에 기대하는 바와 다르다. 정경이란 곧 신성하다는 뜻이므로 신자들이 마음속 깊이 의식하는 신성과 정경이 상충한다는 것은 상상할 수도 없는 일이다. 공동체의 경험과 신성한 텍스트의 세계 사이에서 발생하는 심각한 불협화음은 화급히 해결해야 할 문제다. 공동체의 경험에 부합하도록 텍스트의 세계를 고치든지 텍스트에 부합하도록 공동체를 바꾸어야 한다. 그리하여 강력한 변증법이 성립된다. 신자들은 그들 자신의 경험에 비추어 텍스트를 읽는 동시에 텍스트에 의존하여 자신의 경험을 이해하고 형성한다. 그렇다면 상이한 신자 공동체들은 같은 텍스트를 아주 판이하게 읽을 것으로 예상할 수 있다. 이 장에서 우리는 성서 독법에 공동체들의 서로 다른 믿음과 역사가 반영되어 있음을 확인할 것이다.

신성하지 않은 고전 텍스트가 일으키는 반응과 신성한 텍스트가 일으키는 반응이 완전히 다른 것은 아니지만, 반응의 강도는 다르다. 셰익스피어와 괴테가 점잖은 부르주아 사회에서 고전으로 인정받은 이후 일각에서는 충격적이라는 이유로, 심지어 그저 무례하다는 이유로 두 작가의 작품에서 특정한 측면을 걸러냈다. 괴테 선집들은 비교적 격식을 차리지 않은 괴테의 사랑시 일부를 제외했고, 토머스 보들러(Thomas Bowdler)는 셰익스피어의 작품에서 부도덕한 구절을 삭제하고 정정한 판본을 출간했다. 두 종류의 텍스트를 비교하는 것은 유익한 일이다. 문학적·심미적 작품과 점잖은 취향 및 감성 간의 갈등은 대부분 일시적인 스캔들로 그칠 뿐, 공동체의 영구적인 분열로 이어지는 경우는 좀처럼 없다. 그런 갈등은 감성을 변화시킬 수 있다. 작가와 예술가는 예의를 차리는 사회에서 그저 무시하거나 억압하는 경험의 높이와 깊이를 사람들이 받아들이도록 도울 수 있다고 인정받는다. 앞으로 살

> 이런저런 해석의 설득력과 무관하게, 어느 시대에나 미드라쉬
> (Midrash: 성서 주해를 뜻하는 랍비 유대교의 용어)의 핵심은 확신이
> 다. 경전은 과거의 기록일 뿐 아니라 예언, 앞으로 일어날 사태
> 의 전조이자 예고이기도 하다는 확신이다. 그렇다면 텍스트와
> 개인 경험은 독자적인 두 영역이 아니다. 오히려 양자는 서로를
> 밝혀준다. 당면한 사건은 오래된 신성한 텍스트를 이해하는 데
> 도움이 되고, 신성한 텍스트는 최근 사건 또는 경험의 근본적인
> 의의를 드러낸다.
>
> 유다 골딘(Judah Goldin), 『마지막 시험The Last Trial』, p. xx

펴볼 것처럼 그런 감성의 변화는 종교 공동체에서도 일어난
다. 종교 공동체에서 감성의 변화는 때로 훨씬 더 강한 저항에
직면하는데, 구성원들이 전통적인 경전 독법에 따라 신성시된
세계관을 지키고자 싸우기 때문이다.

유대교 전통과 그리스도교 전통에서 깊은 반향을 일으킨
텍스트를 하나 고찰하면서 그 텍스트가 두 공동체의 각기 다
른 경험을 형성하고 또 그들의 경험에 의해 형성된 사정을 살
펴보자.

아케다

「창세기」 22장에서 아브라함이 이사악을 묶은 이야기를 뜻

하는 아케다(Akedah)는 유대교와 그리스도교의 감성 깊은 곳의 심금을 울린다. 아케다는 폭력적이고 애잔한 이야기, 하느님의 명에 따라 아버지가 '외아들'을 제물로 바치는 기이한 이야기다. 마지막 순간에 이르러서야 천사가 끼어들어 아브라함과 이사악을 목전의 참상에서 구해준다. 성서의 서사 가운데 아케다는 간명하면서도 구체적인 서술로 이야기의 효과를 십분 발휘한다는 점에서 단연 돋보인다. 아브라함과 이사악은 하인들을 남겨두고 출발한다. "그러고 나서 아브라함은 번제물을 사를 장작을 가져다 아들 이사악에게 지우고, 자기는 손에 불과 칼을 들었다. 그렇게 둘은 함께 걸어갔다."(「창세기」 22:6, 가톨릭) 이 마지막 문장이 두 절 뒤에서 반복된 다음 두 사람의 유대를 강조하는 짧은 대화가 이어진다. 그럼에도 아브라함은 하느님께 복종하여 번제를 올릴 산으로 아들을 데려간다. 그곳에 도착한 아브라함은 손을 뻗쳐 칼을 잡고 아들을 죽이려 한다. 그때가 되어서야 천사가 개입한다. 그럼에도 임박한 재앙에서 벗어난 아버지와 아들은 새로운 민족이 그들로부터 생겨나 번성하리라는 약속과 축복을 받는다.

짧고 간결한 이 서사에 담긴 두드러지게 넓은 감정과 경험의 폭은 훗날 풍성한 독법들에 반영되었다.

가장 이른 해석들 중 하나는 「희년서」에 들어 있는 이야기다. 이 책의 저자는 하느님의 천사가 모세에게 들려준 말씀의

「희년서」의 대부분은 생략하고 압축하고 설명하고 삽입하는 식으로 「창세기」 전체와 「출애굽기」의 앞부분을 바꾸어 이야기한다. 이 책의 머리말에서 하느님은 모세에게 이스라엘 민족이 장차 배교하고 결국에는 신앙을 회복할 거라고 말한다. 기원전 2세기에 쓰였음을 감안하면 「희년서」의 집필자는 셀레우코스 왕 안티오쿠스 에피파네스(재위 기원전 175~164)가 유대교를 박해한 끔찍한 사태를 회상했을 것이다. 동시대의 다른 전거는 한 어머니가 일곱 아들에게 배교하느니 차라리 죽음을 택하라고 격려하고 그 자신도 순교자로 죽은 이야기를 들려준다(「마카베오기 하」 7). 그렇지만 유대인들은 봉기하여 결국 새로운 유대교 군주정을 수립했고, 로마의 통치를 받기 전까지 한 세기 동안 비교적 독립을 누렸다.

주요 부분을 가지고 있다. 그래서 성서의 서사에는 없는, 천상의 배후 사정을 들려줄 수 있다. 이제 우리는 하느님이 아브라함을 시험한(「창세기」 22:1) 이유를 듣게 된다. 하느님을 향한 아브라함의 신실함과 사랑에 대한 평판이 천상에 자자했다. 그러자 마스테마라는 사탄이 아브라함의 하느님 사랑을 의심하여 아브라함은 아들 이사악을 더 사랑한다고 주장하고 나섰다. 천사는 하느님께서 이미 여러 차례 아브라함을 시험하셔서 그의 사랑이 진실함을 알고 계시지만, 그래도 마지막 시험을 준비하겠다고 말한다. 이 마지막 시험은 유대교에서 이제까지 되풀이해 논의해온 테마다.

아브라함의 시험이라는 모티프는 일찍이 「창세기」에서 찾아볼 수 있었지만, 「희년서」는 이 모티프의 강조점에 미묘하면서도 중요한 변화를 준다. 「희년서」에서 시험은 아브라함이 하느님을 사랑하고 섬기는지를 알아내기 위한 방편이 아니다. 하느님(과 독자)은 이를 처음부터 알고 있고, 그렇기에 결정적인 순간에 개입한다. 그에 반해 「창세기」에서는 아브라함이 칼을 잡은 다음에야 하느님께서 천사를 통해 말씀하신다. "나는 네가 얼마나 나를 공경하는지 알았다. 너는 하나밖에 없는 아들마저도 서슴지 않고 나에게 바쳤다."(「창세기」 22:12) 「희년서」에서 하느님의 목적은 하느님을 향한 아브라함의 신실함과 사랑을 마스테마에게 보여주는 것이다. 이 점은 하느님께서 아브라함에게 하는 마지막 말씀에서 분명하게 드러난다. "그리고 나는 내가 너에게 무엇을 말하든 네가 나에게 충실하다는 것을 모두에게 알렸다." 이 말은 사탄의 시험과도 같은 역경을 직접 겪은 유대인들에게 메시지가 되었다. 아브라함을 시험하고 더 나아가 유대인들 자신을 시험한 이유는 이스라엘 민족이 하느님께 신실하다는 것을 세상에 알려서 그들을 통해 "모든 민족이 축복을 받게"(「희년서」 18:16) 하기 위함이다.

「희년서」에 도입된 사탄은 하느님께서 아브라함의 순종을 시험한다는 모티프 말고도 이야기에 다른 차원을 더해준다. 이제 세상에는 사람들을 그릇된 길로 이끌고 가장 의로운 자들까지도 제물로 삼으려는 어둠의 힘이 있는 것으로 보인다. 「희년서」는 인간이 겪는 고통의 책임 일부를 다소 불분명하게 사탄에게 지우는 반면에 하느님과 천사들은 신자들을 지원하고 보호하기 위해 세상에 개입한다고 묘사한다. 아브라함의 시험 이야기에서 하느님과 천사들은 이사악이 해를(적어도 물리적인 해를) 당하지 않게 한다. 그런데 이런 묘사가 예로부터 유대인들의 목숨을 숱하게 앗아간 그들의 박해 및 순교 경험과 어떻게 조화를 이룰 수 있을까?

이 문제에 대한 의식을 1세기 유대인 철학자인 알렉산드리아의 필론의 저작에서 찾아볼 수 있다. 당시 알렉산드리아에서 필론의 공동체는 차별과 박해를 당하는 쪽이었다. 논저 『아브라함에 대하여De Abrahamo』에서 필론은 우선 도시나 공동체를 보존하기 위해 자식을 희생시킨 이교도들에 견주어 아브라함의 시험이 그리 대단할 것 없다는 비난을 다룬다. 인신 제물을 혐오하던 아브라함에게 아들을 제물로 바치라는 요구는 훨씬 가혹한 시험이었을 거라고 필론은 말한다. 반면에 이교도 군주들에게 그런 일은 익숙한 습성이나 마찬가지였을 것이다(『아브라함에 대하여』, 177~199). 필론은 여기서 멈추지 않고 시험 이야기의 알레고리적 의미를 드러냄으로써 인간의 고통과 괴로움에 대한 주장까지 편다. 이사악의 이름은 웃음을 뜻한다. 아브라함은 하느님에 대한 의무를 다하고자 웃음을, 더 정확히 말하면 "지성의 좋은 감정, 즉 기쁨"을 희생시킨다. 이는 마땅한 행동이다. 순수한 기쁨과 행복을 누리는 삶은 오직 하느님만을 위한 것이기 때문이다. 그럼에도 하느님께서는 신실한 사람들이 기쁨을 어느 정도 나누어 갖도록 허락하실 것이다. 그렇다 해도 인간이 공유하는 그 기쁨에는 슬픔이 섞여 있을 것이다(『아브라함에 대하여』, 200~207). 이 주장은 유대교의 농담을 떠올리게 한다. 유대인은 왜 취하지 않는가? 취하면 시름을 잊으니까.

그렇다면 아브라함이 아닌 유대인들 자신이 겪은 더 고통스러운 환난은 어떠한가? 안티오쿠스 에피파네스 시대(기원전 175년)에 유대인을 가혹하게 박해하자 유대 민족이 극심한 고문에 시달리면서도 하느님께 충성한다는 이야기들이 생겨났다. 그중 한 이야기는 (「마카베오기 하」 7에서) 일곱 아들의 섬뜩한 순교를 목격한(그리고 격려한) 뒤 본인도 살해당한 어머니에 대해 들려준다. 훗날 랍비들은 이 이야기를 개작하면서 배경을 기원전 2세기 안티오쿠스 에피파네스 시대에서 유대인을 박해한 기원후 2세기 로마 황제 하드리아누스 시대로 바꾸었다. 그렇게 바꾼 이야기는 환난의 고통뿐 아니라 신앙을 위해 순교한다는 자부심으로도 가득하다. "어머니는 눈물을 흘리며 〔아들들에게—저자〕 말했다. "얘들아, 너희는 세상에서 거룩한 분의 이름을 성결하게 하고 그분을 찬양하기 위해 만들어졌으니 괴로워하지 마라. 가서 아버지 아브라함에게 말해라. 자부심으로 뿌듯해하지 마십시오! 당신은 제단을 한 개 만들었지만 저는 제단을 일곱 개 만들고 아들을 일곱 명 바쳤습니다. 당신이 겪은 일은 시험이었지만 제가 겪은 일은 엄연한 현실이었습니다!"(유대교 전승집Yalkut, 「신명기」26, 938).

중세 십자군 시대에 박해를 받은 유대인들은 이 이야기를 개작하면서 한층 더 비통한 감정을 담았다. 당시 유대인들이 기록한 연대기를 보면, 십자군이 공격해오자 그들은 고문을 당하며 강제 개종하는 위험을 감수하느니 서로를 제물로 바치려 했다. 그들은 희생이 무효가 되지 않도록 칼에 흠집이 없는지 점검하고 적절한 기도문을 낭독했다. 당대 유대교 회중의 시는 그런 희생을 이사악의 아케다와 비교한다.

오 주여, 높은 곳에 거하시는 강한 분이시여!
지난날 한 차례 아케다에도 당신의 사자들이 당신 앞에서 부르짖었건만
지금 도륙되고 불타는 아이들이 얼마나 많습니까!
아이들의 피를 보면서도 어찌하여 그들은 비명을 지르지 않습니까?

그 족장이 외아들을 성급하게 제물로 바치기 전에

하늘에서 소리가 들렸습니다. 손을 뻗어 죽이지 마라!

그런데 얼마나 많은 유다의 아들딸이 살해되고 있습니까?

그런데도 당신께서는 도륙을 당하는 아이도, 불길에 던져지는 아이도 서둘러 구하시지 않습니다.

Fragments from a Threnody by R. Eliezer bar Joel ha-Levi in Spiegel, pp. 20-21.

또는 이렇게 비교한다.

모리아 땅에서 행한 아케다의 공덕에 기대어 한때 우리는 대대로 구원을 받을 수 있었다.

이제는 아케다가 잇따라서 그 수를 셀 수조차 없다.

R. David bar Meshullam, *Selihot*, 49, 66b, in Spiegel, p. 21

그러나 이 시기에 아케다 이야기를 가장 눈에 띄게 개작한 사람은 본(Bonn)의 R. 에프라임 벤 야코프(R. Ephraim ben Jacob)다. 그의 이야기에서 아브라함은 아들을 살해하는 의례를 실제로 행할 뿐 아니라, 하느님께서 이사악을 곧바로 되살리시자 다시 죽이려고까지 한다.

그(아브라함─저자)는 서둘러 그(이사악─저자)를 꼼짝 못하게 무

룊으로 누르고서

두 팔에 힘을 주어 떨지 않는 손으로 의례에 따라 그를 죽였으니

지극히 온당한 살해였다.

죽은 자의 몸에 부활의 이슬이 떨어져 생명을 되찾자

(아버지가) 그를 붙잡아 다시 죽이려 했다.

성경이 증언한다! 근거가 확실한 사실이다.

그러자 주님께서 하늘에서 두번째로 아브라함을 부르셨다.

(Spiegel, pp. 148-149)

놀랍게도 이 시인은 아브라함이 아들을 재차 희생시키려 했다는 자신의 서술을 성서가 뒷받침한다고 주장한다. 「창세기」 이야기에서 천사가 아브라함을 두 번 부르는 것은 사실이다. 이사악의 희생을 멈추기 위해 한 번 부르고, 아브라함에게 장차 큰 민족의 조상이 될 거라고 약속하기 위해 한 번 부른다. R. 에프라임은 두 부름을 아주 다르게 해석한다. 아브라함은 첫번째 부름을 분명히 듣지 못했거나 무시했다. 슈피겔(Spiegel)은 이 시에 깊이 공감하여 "근거가 확실한 사실이다"라는 구절에 대해 간명하게 논평한다. "(그 근거가) 성서에 없다면, 중세 유대인들의 경험에 있다"(p. 138). 중세 유대인들의 끔찍한 박해 경험은 그들의 성서 해석에 반향을 일으킨 것이

틀림없다.

그에 반해 그리스도교의 아케다 해석은 예수의 십자가형이라는 중심 서사로 인해 굴절된다. 그렇다 해도 두 이야기가 분명 비슷한데도 복음서의 서사에 아케다를 실제로 인유하는 대목이 거의 없다는 것은 주목할 만한 사실이다. 십자가형을 받기 전날 밤에 예수가 겟세마니 동산에서 하느님께 기도드릴 때, 이사악이 아버지께 질문한("불씨도 있고 장작도 있는데, 번제물로 드릴 어린 양은 어디 있습니까?") 다음 아버지의 결심을 자진해 받아들였다는 전승의 메아리가 멀리서 들려오는 듯하다. 물론 플롯은 다르다. 하느님의 목적을 중재하는 인간 아버지도 없고, 천상의 아버지가 마음을 누그러뜨리지도 않고, 희생자의 아버지를 시험하는 데 그치지도 않는다. 오히려 희생자 본인이 하늘에 계신 아버지의 확고부동한 뜻을 애써 자유롭게 받아들여야 한다(실제로 이 모티프는 아케다를 개작한 몇몇 이야기에서 쓰인다). 이런 논점들이 예수의 동산 기도를 다시 말하는 복음서들에 얼마간 반영되었다고 본다면 지나친 생각일까?(상자글 참조)

마태오와 루가는 「마르코」의 꾸밈없는 구절을, 즉 전통적으로 하느님의 전능함을 찬미해온 "하느님께는 모든 것이 가능하다"를 어쩐지 주춤거리며 말한다. 마태오는 자기 아들을 죽이는 하느님의 무도한 행위에 직면하여 그렇게 해야 할 어떤

아버지의 뜻을 받아들이는 아들

마르코·마태오·루가 복음서에서 예수는 최후의 만찬 이후 겟세마니 동산에서 마침내 다가오는 죽음을 받아들인다. 요한 복음서에서는 더 이른 시점에, 즉 예루살렘에 입성한 이후에 죽음을 받아들인다. 이 복음서에서 예수는 군중 앞에서 더 공개적으로 말하고, 그러자 하늘에서 예수의 말에 호응하는 음성이 들려온다. 그렇지만 요한도 예수가 체포되는 장면을 서술하면서 다른 복음서 저자들처럼 잔(盞) 테마를 언급한다.

「마르코」 14:36
아버지, 나의 아버지! 아버지께서는 무엇이든 다 하실 수 있으시니 이 잔을 나에게서 거두어주소서. 그러나 제 뜻대로 마시고 아버지의 뜻대로 하소서.

「마태오」 26:39
조금 더 나아가 땅에 엎드려 기도하셨다. "아버지, 아버지께서는 하시고자만 하시면 무엇이든 다 하실 수 있으시니 이 잔을 저에게서 거두어주소서. 그러나 제 뜻대로 마시고 아버지의 뜻대로 하소서."

「루가」 22:42
아버지, 아버지의 뜻에 어긋나는 일이 아니라면 이 잔을 저에게서 거두어주십시오. 그러나 제 뜻대로 하지 마시고 아버지의 뜻대로 하십시오.

「요한」 12:27
"내가 지금 이렇게 마음을 걷잡을 수 없으니 무슨 말을 할까?

> '아버지, 이 시간을 면하게 하여주소서' 하고 기원할까? 아니
> 다. 나는 바로 이 고난의 시간을 겪으러 온 것이다. 아버지,
> 아버지의 영광을 드러내소서." 그때에 하늘에서 "내가 이미
> 내 영광을 드러냈고 앞으로도 드러내리라" 하는 음성이 들려
> 왔다.
>
> 「요한」18:11
> 예수께서 베드로에게 "그 칼을 칼집에 도로 꽂아라. 아버지께
> 서 나에게 주신 이 고난의 잔을 내가 마셔야 하지 않겠느냐?"
> 하고 말씀하셨다.

상위의 필요성이 있는 건 아닌가 하는 의문을 제기하는 것으로 보인다. 루가는 하느님의 뜻의 통일성 또는 불변성이라는 문제에 더 관심을 쏟는 것으로 보인다. 어떻게 하느님의 아들이 하느님에게 마음을 바꾸어달라고 기도할 수 있는가? 요한은 예수의 동산 기도 에피소드 전체를 생략하는 대신 예수가 그에 비견할 만큼 괴로워하는, 최후의 만찬 직전의 장면을 전한다(12:27). 요한은 그 상황을 유대인들만이 아니라 그리스인들까지 찾아온 더 공개적인 장면으로 제시한다. 지난날 순종했던 아브라함과 마찬가지로 자신의 사명을 받아들이는 예수는 장차 하느님의 이름을 드높일 것이다. 예수가 체포되면서 베드로에게 말하는 대목은 그 사명을 받아들였음을 보여준다.

그러면 이제 아버지의 뜻을 온전히 받아들인다는 예수의 확실한 발언만 확인하면 된다. 그런데 예수는 일찍이 "나를 보내신 분의 뜻을 이루고 그분의 일을 완성하는 것이 내 양식이다" (4:34)라고 말하지 않았던가?

어느 복음서의 이야기에서나 하느님의 뜻은 흔들리지 않는다. 이처럼 하느님의 무정한 뜻을 강조하는 서술에서 명확하지 않은 대목은 하나밖에 없다. 바로 예수를 죽이기 위해 모의하는 인간 행위자들을 생생하게 묘사하는 대목이다. 마르코는 예수 본인의 말로 예수가 체포되는 장면을 서술한다. "그만하면 넉넉하다. 자, 때가 왔다. 사람의 아들이 죄인들 손에 넘어가게 되었다. 일어나 가자. 나를 넘겨줄 자가 가까이 와 있다."(「마르코」14:41~42) 여기서 모호한 점은 '넘겨주다'라는 낱말의 쓰임새다. 이 단어는 단순히 '건네주다'를 뜻하기도 하고 '배신하다'를 뜻하기도 한다. 여기서 '넘겨주다'는 대사제들이 보낸 무리에게 예수를 팔아넘기는 유다의 배신만을 가리키는가? 아니면 예수를 압도하는 사건의 배후에서 작용하여 파괴자들의 손에 그를 건네주는 하느님의 섭리를 가리키기도 하는가? (똑같은 (그리스어) 낱말이 「이사야서」53:6에도 나온다. "야훼께서 우리 모두의 죄악을 그에게 넘기셨다[지우셨다—저자].") 이 낱말은 아마도 의도적으로 모호하게 사용했을 테지만, 뒤이은 서술에서 네 번 나오는 동사 '잡다'와 두 번 나오는 무리의 '칼과 몽둥이'가 강조하는 것은 예수를 체포하는 무리의 폭력적인 행위다. 대사제들과 율법학자들은 예수를 죽이려는 계획대로 그를 체포하여 눈가림식 심문을 한 다음 "결박하여" 빌라도에게 "넘겼다".

이 대목에서 「창세기」 서사의 테마들을 뒤집어 해석하고픈 마음이 들기도 한다. 「창세기」에서는 하느님의 명령에 순종하는 아브라함이 이사악을 데려가고 묶어서 하느님께 바친다. 복음서에서는 죄인들이 예수를 붙잡고 결박해서 외국인 총독에게 넘긴다. 그러나 겟세마니 장면이 분명하게 보여주듯이, 두 경우 모두 사건은 하느님의 뜻대로 진행된다. 앞의 경우에 아브라함의 시험은 하느님과 아브라함 간의 드라마에서 종막(終幕) 역할을 하며, 아브라함의 의지를 시험한 하느님은 약속대로 그를 많은 민족의 조상으로 삼고자 한다(「창세기」 17:4). 아브라함은 윤리적 유일신론, 하느님의 뜻을 좇는 근본적 순종의 전형이 된다. 또한 모든 신실한 유대인, 나아가 모든 종족적 경계를 넘어 의로운 사람의 전형이 된다. 다른 한편, 하느님께서 "사랑하는 아들"(「마르코」 1:11)이라 공포하신 예수는 인간의 불의와 싸우는 하느님의 도구로 발탁된다. 예수의 희생은 순종 시험보다는(그런 시험이기도 하지만) 하느님의 대리인이 세상에서 파괴·죽음의 힘과 교전하는 국면에 더 가깝다. 예수의 희생은 죽음의 세상을 새로운 삶의 시대로 바꾸는 계기이며, 예수의 부활은 새 시대를 예고한다.

그리스도교에서 예수의 수난을 다시 말하는 이야기들은 이처럼 간접적으로 암시하고 변주하는 패턴을 되풀이한다. 「요한」의 수난 서사에서 예수는 "몸소 십자가를 지시고 성밖을 나가 히브리 말로 골고타라는 곳으로 향하셨다. 골고타라는 말은 해골산이란 뜻이다"(19:17). 이 서술은 병사들이 키레네 사람 시몬을 시켜서 골고타까지 십자가를 나르게 했다는 나머지 세 복음서의 서술과 어긋난다. 「창세기」에서 자신을 불사를 장작을 짊어졌던 이사악처럼, 「요한」에서 예수는 자신의 목숨을 앗아갈 십자가를 지고서 언덕을 오른다. 그런데 흥미롭게도 이사악 이야기를 다시 말하는 랍비 전승들은 이사악이 십자가를 짊어지는 사람처럼 장작을 짊어진다고 이야기한다. 훗날 그리스도교의 성서 주해자들은 다시 이 모티프를 그리스도인들의 고난 경험과 연관지었다. 그들에게 고난을 기꺼이 감수하는 그리스도인들은 아브라함의 신앙을 계승하는 사람들로 비쳤다. "아브라함과 같은 신앙을 믿고 이사악이 장작을 지었듯이 십자가를 지는 우리 역시 의롭게 하느님을 따른다."(Irenaeus, *Against Heresies*, IV.5.4). 훗날 가톨릭은 이 모티프를 '십자가의 길'(Stations of the Cross: 그리스도가 빌라도 궁에서 십자가를 지고 언덕에 올라 못박히고 무덤에 묻히기까지의 행로를 묘사하는 14지점의 그림 또는 조각물)로 공들여 표현했다. 성당

벽을 둘러가며 설치하는 '십자가의 길'은 십자가의 무게에 눌려 세 차례 넘어지는 예수를 묘사한다.

그렇지만 그리스도교에서 이사악 이야기에 대한 해석과 그리스도의 죽음 사이에 언제나 직접적인 연관이 있는 것은 아니다. 렘브란트의 동판화에서(그림 5 참조) 천사는 아브라함을 그저 부르는 것이 아니라 팔로 감싸며 적극적으로 저지한다. 이사악 이야기는 수호천사의 다정한 보살핌으로 상징되는 하느님의 보호를 묘사하는 이야기가 되어왔다. 이는 박해와 집단 학살 경험을 통해 이사악 이야기를 읽었던 중세의 랍비들로부터 크게 진일보한 것이다.

그에 반해 덴마크 철학자 쇠렌 키르케고르(Søren Kierkegaard)는 아브라함을 다시 신앙의 인간으로 칭송했다. 그는 아들을 기꺼이 희생시키려던 아브라함의 결정을 가리켜 "윤리적인 것의 목적론적 유보"라고 말했다. 종교적 신앙 안에서는 남녀를 막론하고 최우선 목표를 받아들이는 까닭에 정상적인 윤리적 율법과 규칙이 유보된다. 참된 '신앙의 기사(騎士)'는 윤리의 세계를 넘어 하느님의 명령과 약속이 지배하는 세계로 들어가는 사람이다. 아브라함의 위대함은 온갖 역경 속에서도 하느님을 계속 신뢰하고 믿었다는 데 있다. 그것은 내세나 어떤 최종 해결책에 대한 믿음이 아니라 지금 여기서 하느님의 약속이 좋게 이루어지리라는 믿음이었다. 아브라함은 임신이

4. 아브라함과 이사악을 묘사한 안드레아 만테냐(Andrea Mantegna)의 회화(15세기)

불가능해 보였던 아내 사라가 낳은 외아들을 하느님의 명에 따라 희생시켜야 하는 상황에서도 믿음을 멈추지 않았다. 키르케고르의 저술은 부르주아적인 기독교 정상화에 맞서 개인적으로 값비싼 대가를 치러가며 철저히 저항한 활동의 일환이었다. 그가 '정상적인' 윤리 규범을 유보한 것은 여전히 위험하고 불온한 저항이었다. 또한 원래 이야기의 기묘하고 도발적인 성격과 더불어 아브라함의 비범한 신앙을 얼마간 드러낸 활동이었다. 신앙이 없었다면 아브라함은 이사악이 아닌 자신을 영웅답게 희생했을 거라고 키르케고르는 말한다. "그는 세상에서 찬양받았을 테고 그의 이름은 결코 잊히지 않았을 것이다. 그러나 찬양받는 것과 고통받는 자들을 구하는 길잡이별이 되는 것은 다르다."(Kierkegaard, p. 21)

성서 텍스트의 풍요로운 사후(死後)

성서 텍스트 수용의 역사는 이 케케묵은 문헌의 활력을 뒷받침하는 증거를 거의 무한정으로 제공한다. 성서 텍스트는 천차만별 환경에서 각양각색 신앙 공동체들에게 읽혔고, 놀랄 만큼 발산하면서도 놀랄 만큼 수렴하는 독법들을 낳았다. 이런 풍작을 설명하기란 쉽지 않다.

한 가지 분명한 이유는 그런 텍스트를 읽는 맥락의 다양성

5. 아브라함과 이사악을 묘사한 렘브란트의 동판화, 1655년. 천사의 팔이 아브라함과 이사악을 함께 감싸고 천사의 날개가 그림을 채우고 있다. 이사악은 묶이지 않은 채로 자진해서 스스로를 바치고 있다. 아브라함은 거의 절망하여 넋이 나간 듯한 모습이다.

에 있다. 가령 약탈을 일삼는 병사들의 공격에 시달리는 사람들과 가톨릭권 오스트리아의 산촌에서 고되게 살아가는 사람들이 이사악 이야기에 서로 다르게 반응하는 것은 놀랄 일이 아니다. 그리스도인과 유대인이 이사악 이야기를 읽는 맥락에도 큰 차이가 있다. 신약 가운데 예수의 십자가형에 대단히 집중하는 그리스도인들이 예수의 수난에 대한 독법에 아케다의 테마들을 집어넣는 것은 불가피한 일이다. 이사악은 "장차 오실 분의 전조"(「바르나바의 편지」 7.3)가 되고, 예수의 수난과 관련한 서사와 산만한 서술에서 아케다의 다양한 모티프들이 사용되고 때로는 수난의 모티프들과 대비된다. 그와 달리 유대인들은 아브라함의 후손의 역사에 비추어 아케다의 의미를 곱씹을 이유가 더 많다.

그러나 맥락의 다양성으로 모든 걸 설명하지는 못한다. 성서 텍스트 자체에 해석의 다양성을 유도하는 풍요로움과 모호함이 내재한다. 아브라함이 칼을 쥔 손을 뻗거나 아들에게 장작을 지게 하는 등의 이미지는 후대 저자들과 해석자들의 심금을 울렸다. 성서의 서사와 시, 다소 산만한 서술에는 이미지와 은유가 워낙 풍부한 까닭에 독자들은 각자의 경험을 토대로 성서를 자유롭게 읽기 마련이다. 각양각색 공동체들은 성서의 이야기와 텍스트를 저마다의 방식으로 읽을 수 있었는데, 바로 그런 읽기를 불러일으키는 성서 자체의 성격 때문이다. 성서는 깔끔하게 매듭지어진 닫힌 텍스트가 아니다. 성서에는 읽는 쪽에서 채워넣고 해명해야 하는 빈틈과 모호한 측면이 있다. 앞으로 살펴볼 것처럼 가장 풍성한 결실을 맺은 성서 텍스트들 중 일부는 가장 모호한 축에 든다.

성서 텍스트의 정경 지위는 다양하고 풍성한 독법을 낳은 원인일 뿐 아니라 서사와 담론 자체가 재형성되어온 이유이기도 하다. 예컨대 앞에서 우리는 중세에 아케다 이야기를 개작하면서 놀랍게도 이사악이 실제로 죽었다고 주장한 R. 에프라임의 사례를 살펴보았다. 흔히 성서 해석은 강조와 선택적 읽기의 문제다. 성서 텍스트 중에서 특정한 시기에 특정한 공동체와 공명하는 요소들은 곧 해당 공동체가 다른 요소들을 배제하거나 경시하면서 강조하는 요소들이다. 그 결과는 이사악 이야기를 직접 개작하는 경우만큼이나 극적일 수 있다. 그러나 어느 경우에나 해석 과정을 추동하는 것은 동일한 신념, 즉 성서 텍스트가 공동체의 경험에 규범이 되고 따라서 어떻게든 공동체의 경험을 반영하거나 대변해야 한다는 신념이다.

제 5 장

성서와 비평가들

이 장은 앞 장과 사뭇 다르다. 앞 장에서는 성서의 한 구절에 대한 해석을 자세히 검토했다면, 여기서는 성서 비평의 중요한 전개 국면들에 초점을 맞춘다.

근본적으로 비평이란 판단을 내리는 일을 가리킨다. 실제로 성서 해석자들은 모두 각자의 판단에 기대어 텍스트의 가능한 의미와 진의를 구별한다. 그들은 특정한 구절을 다른 구절보다 중시하고, 별로 흥미롭지 않아 보이는 구절이나 예상에 반하는 의미를 가진 것으로 보이는 구절에 대한 의미심장한 해석을 찾아내려고도 할 것이다. 이런 식의 지적이고 분별력 있는 읽기는 예로부터 성서 해석의 특징으로서, 오늘날 (거의) 모든 성서 학자가 연구하는 본문 비평, 자료 비평, 다양한 형태의 문학 비평 같은 표준적인 역사적 영역들의 기반을 이룬다. 그렇지만 '성서 비평'이라는 표현은 교회의 지배적인 성서 이해를 겨냥할 때면 훨씬 적대적인 의미를 띠기도 한다. 이장에서 약술할 성서 비평의 전개 국면들은 대체로 이 범주에 들어간다. 사실 오늘날의 표준적인 비평 관행은 정통 독법을 공격한 사람들이 대부분 개척한 것이다.

우선 그런 전개 국면들을 역사적 맥락에서 바라볼 필요가 있다. 중세 말까지 그리스도교의 성서 해석은 교회의 공식 이데올로기와 거의 통합되어 있었다. 성서에는 세계의 창조, 12지파 족장들의 역사, 하느님께서 이스라엘 민족을 선택하고 율법을 주신 일, 그 이후 약속의 땅에서 지낸 이스라엘 민족의 역사에 관한 이야기뿐 아니라 예수와 초기 그리스도교의 선교 노력 및 논쟁에 관한 이야기도 담겨 있었다. 교회는 이 모든 이야기가 천지창조부터 최후의 심판에 이르기까지 통합적이고 포괄적인 세계사를 이룬다는 관점에서 성서를 읽었다. 성서는 하느님께서 아담의 죄에 대응하신 이야기를 들려준다고 교회는 가르쳤다. 하느님께서는 이스라엘 민족을 선택하시고, 율법을 주시고, 마침내 아들 예수를 보내 십자가에 못 박히고 부활하게 하시어 인류를 구속(救贖)하시고, 교회를 세우셨다. 그런 성서 독법은 구약에서 중추적 역할을 하는 요소들, 이를테면 약속의 땅, 성전, 율법의 역할, 뭇 민족을 구원하는 이스라엘 민족과 같은 요소들의 중요성을 깎아내렸다. 그와 동시에 비교적 중요하지 않았던 모티프들, 특히 아담과 이브의 타락과 인류 전체의 타락을 강조했다. 교회는 구약을 신약의 전조로 읽었고, 구약의 주요 인물들과 그들의 삶이 (앞에서 하느님께서 이사악을 대하는 방식과 예수를 대하는 방식을 비교하면서 살펴본 대로) 이제 예수가 완전히 실현한 사명을 예고한다고 보았다.

이렇듯 성서는 모든 것을 아우르는 서사를 구성함으로써 우주론, 역사, 법, 신학을 비롯한 모든 지식의 원천 겸 척도가 될 수 있었다. 그런 이야기를 엮어내면서 신학자들이 다른 분야들로부터 도움을 받은 것은 사실이다. 초대 교부들은 거리낌없이 플라톤주의 철학자들에게 의존했고, 중세 스콜라 학자들은 다소 언쟁을 벌이면서도 아리스토텔레스에게 의존했다. 그러나 적어도 공식적으로 진리의 최종 준거는 줄곧 성서였다. 중세 그리스도인들이 살아간 세계와 성서는 서로 퍽 어울렸다. 그렇지만 장차 르네상스와 종교개혁은 서유럽의 이런 공식 합의를 겨냥한 양면 공격을 개시할 터였다.

공격받는 교회: 내부의 도전

이제까지 약술한 그리스도교 이야기가 교회의 유일한 견해

는 아니었다. 일찍이 서기 제1천년기 말에 동방 교회와 서방
교회로 갈라진 교회 내부에는 정통에서 벗어난 견해들이 있
었다. 그 견해들은 모두 그리스도교 이야기의 특정한 서술에
대한 비판의 결과물이었다. 중세 후기 그리스도교의 이야기를
비판한 그런 견해들의 두드러진 특징은 이야기의 기반인 성
서 이해를 공격했다는 것이다. 루터의 종교개혁은 성서를 연
구하는 교수의 운동이었다. 루터는 고대 성서 텍스트를 읽는
만만치 않은 실력을 발휘하여 많은 사람들이 성서를 읽을 수
있도록 토박이말로 번역했을 뿐 아니라, 교회에서 두루 받아
들이고 있던 성서적 세계관의 특히 예민한 지점에 도전하기
까지 했다.

어떻게 보면 루터의 도전은 전체 그림에서 특히 개개인의
영혼을 구원하는 교회의 역할과 관련된 특정한 측면을 조금
수정하는 문제일 뿐이었다. 중세 후기의 교리는 다음과 같이
가르쳤다. 하느님께서는 공정한 심판자이시므로, 비록 그리스
도께서 인류의 죄를 대속하셨다 할지라도 모든 인간은 지상
에서 각자 죗값을 치러야 했다. 그렇지만 그들은 심지어 죽은
뒤에라도 교회의 다양한 보속 예식을 통한다면, 마땅히 치러
야 할 벌을 면하거나 경감받을 수 있었다. 성서 가운데 「마카
베오기 하」 12:43~45는 죽은 자들을 위한 기도를 뒷받침하는
근거를 제공했다. 널리 받아들여진 그런 교리에 힘입어 교계

제(敎階制)는 막대한 권위를 누렸다.

　루터는 하느님의 의로움과 용서를 이렇게 인식하는 견해의 근간인 성서를, 그중에서도 바울로 서한을 면밀히 검토하여 반론을 폈다. 그에게 핵심 구절은 「로마서」에 있었다. "복음은 하느님께서 인간을 당신과 올바른 관계에 놓아주시는 길을 보여주십니다. 인간은 오직 믿음을 통해서 하느님과 올바른 관계를 가지게 됩니다. 성서에도 "믿음을 통해서 하느님과 올바른 관계를 가지게 된 사람은 살 것이다" 하지 않았습니까?"(「로마서」 1:17, 「하바꾹」 2:4 인용) 루터는 물었다. 그런데 성 바울로는 하느님의 의로움이 복음에 의해 계시된다고 말했을 때 정확히 무엇을 드러내려 했는가? 스콜라 학자들이 가르친 대로 바울로는 죄인에게 벌을 주고 의인에게 상을 주어 심판하시는 하느님의 의로운 본성을 가리켰는가? 아니면 하느님께서 의롭지 못한 사람들에게 거저 주시는 선물인 의로움을 가리켰는가? 그리스어 원문 표현은 두 가지 이해를 모두 뒷받침했다. 결정적인 것은 「하바꾹」의 구절을 인용하는 「로마서」의 맥락이었다. 루터는 그 맥락을 고려하면 바울로의 말은 하느님께서 당신을 믿고 그 결과로 영원한 생명을 얻을 사람들에게 거저 주시는 의로움을 가리킨다고 주장했다(Dillenberger, p. 11).

　루터가 그런 해석에 도달한 것은 종교개혁에서, 실은 유럽 역사에서 결정적인 순간이었다. 이제 루터는 성서를 하느님의 율법과 징벌이라는 위압으로부터의 해방에 관해 말하는 책으로 보게 되었다. 달리 말해 성서는 교회의 보속 규정에 복종하는 사람만이 아니라 복음을 듣는 모든 사람에게 하느님께서 내리시는 은총과 용서에 관해 말하고 있다는 것이었다. 이런 식으로 종교개혁은 중세 교회의 속박으로부터 사람들을 해방시키고자 했다. 이제 그들은 '세속의 나라'에서 각자의 소명을 자유롭게 따를 수 있었다.

이처럼 바울로 서간을 도발적으로 해석하는 새로운 독법은 중세 유럽의 권력구조와 일반적인 에토스 및 태도를 대폭 변형할 근거를 제공했다. 우리에게 흥미로운 점은 그 과제를 달성한 방식이다. 루터는 지배적인 스콜라적 해석에 반론을 펴면서 성서의 '문법적 의미'에 호소했다. 다시 말해 그는 인문주의자들의 문헌학과 텍스트 연구의 표준 방법론을 사용했던 것이다. 이런 식으로 바울로에 대한 조리 있고 비판적인 연구가 지배적·공식적 성서 이해를 밀어내는 데 쓰였다.

루터는 지배적 성서 이해에 대한 비판을 가톨릭교회 내부에서 제기했다. 그런 루터가 신교 내부에서 두각을 나타냈다는 사실은 비판적 이성의 사용이 (시종일관은 아닐지라도) 장차 신교 신학의 본질적인 특징이 되리라는 것을 뜻했다. 머지 않아 비판적 방법론의 범위가 역사적·사회학적·문학적 비평

6. 마르틴 루터, 성서학 교수. 바울로에 대한 그의 해석은 프로테스탄트 종교개혁의 촉매였다.

등으로 확대되었다. 물론 그런 비판적 이성의 사용은 해석의
다양성을 더욱 넓히고 분열을 한층 심화했다. 때때로 신교를
틀어쥔 정통의 힘이 제아무리 강했다 해도, 그 장악력을 전복
하고 약화할 비판적 정신은 언제나 있었다.

공격받는 교회: 외부의 도전

정설로 통하는 성서 해석에 대한 도전이 교회 내부에서만
제기되었던 것은 아니다. 중세 말에 급증한 지식과 발견 역
시 모든 것을 아우른다고 자처하는 기존의 권위적인 세계관
에 도전장을 내미는 계기가 되었다. 우선 새로운 땅을 발견했
다는 소식이 인기 있는 여행기를 통해 널리 알려지자 성서적
세계관의 지리적 한계가 드러났다. 성서의 서사들을 엮은 세
계에 대한 서술에서는 상상조차 해본 적이 없는 다른 대륙들
이 엄연히 존재하고 있었다. 설령 정력적인 선교 활동으로 그
런 신대륙을 그리스도교 세계의 일부로 포함할 수 있었다 할
지라도, 하느님의 보편적인 구원 계획에서 새로운 개종자들의
선조들은 어떤 위치에 있었느냐는 난문이 남았다.

게다가 역사적 학문들이 성장하여 성서의 역사관이 포괄적
인 역사관과는 거리가 멀다는 것을 밝혔다. 역사적 조사는 성
서 집필자들이 알지 못했던 선대 문명들이 존재했다는 증거

를 찾아내 성서의 연대기를 뒤흔들었다. 성서에서 발견한 역사적 도식은 뒤이은 역사를 아우르지 못했다. 네 나라에 대해 말하는 「다니엘서」 7장은 종교개혁 시대에 세계사의 얼개로 널리 받아들여졌다. 네 나라는 칼데아인의 나라, 페르시아인의 나라, 알렉산드로스 대왕의 나라, 그리고 로마인의 나라로 여겨졌다. 문제는 로마 제국이 어떻게 되었느냐는 것이었다. 독일 황제의 주장대로 신성로마 황제의 직위가 그의 것이라면 프랑스 왕의 직위는 어떻게 되는가? 독일 황제의 영원한 봉신이란 말인가? 정치적 안정을 추구하던 사람들이 그리스도의 재림 이전 마지막(따라서 인간이라면 공격할 수 없는) 제국이라는 관념에 끌렸으리라는 것은 어렵지 않게 예상할 수 있다. 그러나 역사의 시계를 멈추려는 모든 시도와 마찬가지로, 그 관념이 시간의 검증을 견뎌낼 가능성은 없었다. 제국들은 나타났다 사라졌고, 「다니엘서」의 얼개는 그 제국들을 담아낼 만큼 복잡하거나 유연하지 못했다.

성서를 토대로 구축한 역사관처럼 성서의 우주관도 공격에 취약하기는 매한가지였다. 코페르니쿠스는 지구를 포함한 행성들이 태양 주위를 공전한다고 가르쳤다. 「여호수아기」 10장의 기묘하고 살기등등한 이야기에서 아모리족 다섯 왕의 군대를 처분하게 된 여호수아는 하느님께 기도를 드린다. "해야, 기브온 위에 머물러라. 달아, 너도 아얄론 골짜기에 멈추어라."

(10:12) 이 기도는 응답을 받는다. 태양과 달이 대략 하루 동안 멈춰 있는 사이에 여호수아의 군대는 적군을 살육한다. 이 이야기의 우주론과 행성의 운동에 대한 코페르니쿠스의 이해는 분명히 충돌한다. 루터와 그의 협력자 필리프 멜란히톤마저 성서 이야기로 코페르니쿠스의 견해를 일축했다. 클라우스 숄더(Klaus Scholder)가 지적하듯이, 이 시기에 상당한 수학 실력을 갖춘 소수를 뺀 모두에게 코페르니쿠스의 천체 공전론은 유행하는 숱한 추측 가운데 하나에 불과해 보였을 것이다. 멜란히톤은 「여호수아기」 10:12~13을 비롯한 성서 구절을 여럿 인용한 다음 코페르니쿠스를 단호히 거부한다. "이 신성한 증언들에 힘입어 우리는 진리를 꽉 붙들고, 자유학예를 뒤섞는 것을 지성의 영광으로 생각하는 자들의 맹목적인 저술에 미혹되지 않는다."(Scholder, p. 49, *Corpus Reformatorum* 13, cols 216~217에서 인용) 그렇지만 1543년 뉘른베르크에서 출간된 코페르니쿠스 저작의 서문을 쓴 신학자 안드레아스 오시안더(Andreas Osiander)는 도전의 심각성을 더 분명하게 간파하고서 닥쳐올 위기를 미연에 모면하려 했다. 그는 코페르니쿠스의 견해는 행성의 위치를 예측하는 데 유용한 가설일 뿐이지 우주의 운행에 관한 사실에 입각한 서술은 아니라고 주장했다. 코페르니쿠스의 계산은 대단히 가치가 있지만 천체 운동의 진짜 원인에 관한 앎은 우리 정신의 능력을 넘어선다고 오

시안더는 말했다(Scholder, pp. 47-48).

훗날 19세기에 다윈주의자들과 창조론자들은 같은 주제로 논쟁을 이어갔다. 포유류 계통에서 유인원 단계를 거쳐 인류가 기원했다는 다윈의 견해는 「창세기」의 서술과는 분명히 달랐다. 「창세기」 1장의 서술과 2장의 서술이 서로 다르고 모순됨에도 불구하고 그리스도교도 다수는 하느님께서 직접 개입하시어 인간을 창조하셨다는 「창세기」의 서술을 권위적인 서술로 여겨야 한다고 고집했다. 다른 사람들은 「창세기」 이야기를 고대 근동 세계에서 유포되었던 다른 신화들과 무관하지 않은 창조 신화로 보게 되었다. 그 결과 그런 신화들과 과학적 세계관의 관계를 따지는 중요한 물음들이 당연히 제기되었다.

계몽주의와 역사적 비평의 대두

종교개혁기 교회의 내분은 결국 종교 전쟁으로 치달아 1618년부터 1648년까지 유럽을 황폐화했다. 그러자 모든 형태의 종교에 격렬히 반발하고 종교의 권위로부터 벗어나려는, 넓게 보아 계몽주의라고 부르는 운동이 출현했다. 경험과학과 이성주의적·경험주의적 철학의 특정한 갈래도 같은 시기에 대두했으며, 이들 학문은 신의 도움을 받지 않는 인간 이

성의 노력을 인간의 지식과 인간사(事) 수행의 기반으로 삼고
자 했다. 교회와의 동맹에 기대어 권위를 유지하는 절대주의
국가들에서 정치적 해방을 추구한 사람들에게 그런 학문들
은 강력한 무기가 되었다. 프랑스 철학자 르네 데카르트(Rene
Descartes)는 과거로부터 물려받은 믿음과 권위가 아니라 우리
의 모든 믿음을 철저히 검토하는 방법으로만 분별할 수 있는
'명석판명(明晳判明)한 관념들'을 인간 지식의 기반으로 삼아
야 한다고 말했다.

잉글랜드에서 이런 경향을 표명한 이들은 서로 느슨하게
연결된, 이신론자라고 알려진 집단이었다. 그들은 종교를 배
제한 채 인간사를 처리하고자 했다. 하느님은 세상을 창조한
다음 알아서 돌아가도록 내버려두는 먼 곳의 존재, 시계태엽
을 감은 다음 시계가 자체 원리에 따라 작동하도록 내버려두
는 시계공이라고 그들은 말했다. 그들은 성서를 공격했는데,
한 가지 이유는 성서가 우주의 물리적('자연적') 법칙의 작용에
신이 개입한다는 이야기를 담고 있었기 때문이고, 다른 이유
는 신이 정했다고 하는 율법 체계를 그에 반하는 자연도덕에
강요하려 했기 때문이다. 그 결과로 그들은 성서의 기적 이야
기를 조롱하고 성서 속 주요 인물들의 도덕성을 비난했다. 또
한 성서란 하느님의 계시를 전하는 최고의 매개요, 따라서 오
류가 있을 수 없는 텍스트라고 규정하는 정통 그리스도인들

의 교리를 공격했다. 그들은 성서 자체가 비일관성과 모순을 내포한다고 지적했다. 그런 공격의 주요 표적은 생생하게 묘사하는 주제이기도 했던 예수의 부활 서사였다. 어떤 이들은 기발하게도 사도들이 법정에서 대질심문을 받는 상황을 상상하여 그들의 주장을 무너뜨리고자 했다. 이 장르를 잘 보여주는 사례로는 토머스 셜록(Thomas Sherlock)이 1729년에 쓴 「증인들의 재판Trial of the Witnesses」(Stephen, vol. 1, pp. 203-204)이 있다.

이런 문헌은 18세기에 영국에서 비교적 자유롭게 유포되었고 프랑스와 독일까지 전해졌다. 그렇지만 독일에서는 엄격한 검열이 문헌의 확산을 억제했다. 이런 상황은 성서 비평의 역사에서 극적인 사건들 중 하나인 이른바 '단편(斷片) 논쟁'의 계기가 되었다. 이 분쟁에서 이신론의 기수는 독일 학자 겸 교사 헤르만 사무엘 라이마루스(Hermann Samuel Reimarus)와 극작가, 문학 비평가, 철학자 겸 신학자인 고트홀트 에프라임 레싱(Gotthold Ephraim Lessing)이었다. 레싱은 함부르크 국민극장의 고문을 맡아 진정으로 독일적인 초기 희곡들을 쓰고 무대에 올린 후에 브라운슈바이크 공작의 볼펜뷔텔 도서관의 사서가 되었다. 도서관에 있는 미발표 원고의 출간을 준비하는 것이 그의 책무 중 하나였다. 함부르크 시절에 레싱과 라이마루스 가족은 친분을 쌓은 바 있었다. 라이마루스는 성서에 대한 이신론적 비평을 개진한 원고를 레싱에게 건넸다. 투옥되고 대중에게 배척될까 두려워 발표하지 않은 원고였다. 레싱은 그 원고를 공작의 도서관에서 자신이 발견한 '익명 저자'의 글인 양 가장하여 일련의 단편으로 발표하기로 결정했다. 팸플릿 형태로 발표한 처음 두 단편은 철저한 이신론적 비평을 담고 있었다. 라이마루스는 홍해를 건넌 기적에 대한 서술을 공격했다. 그는 짐보따리를 든 이스라엘 민족 300만 명이 줄지어 홍해를 건너는 데 걸렸을 시간을 공들여 계산한 다음 그 기적은 바닷물을 좌우로 가른 사건이라기보다는 이집트 군에 붙잡히기 전에 이스라엘 민족이 홍해를 건넌 사건이었다고 결론지었다. 그렇지만 가장 격한 분노와 심각한 공개 논쟁을 촉발한 것은 예수의 부활에 담긴 모순을 비평한 부분이었다. 그 이후 1778년에 레싱은 「예수와 그의 제자들의 목표에 대하여」라는 단편을 추가로 발표했다.

이 단편의 첫 두 문단에서 라이마루스는 예수를 정화된 자연종교를 설파한 사람으로 묘사하고, 예수와 당대 유대인들의 관계를 다소 풍자적으로 서술한다. 라이마루스는 예수가 바리사이파처럼 불멸 교리를 가르쳤다고 말한다. 차이점이라면 예수는 겉치레로 계율을 준수하지도, 위선을 떨지도 않는 올바름을 가르쳤다는 것이다. 그런데 이 대목에서 라이마루스는 돌연 전혀 다른 종류의 물음을 거론한다. "예수가 사람들에게 가르치면서 종교의 진정 위대한 목적인 영원한 축복을 전한 것이 틀림없다면, 이제 남은 물음은 예수 자신은 어떤 목적을 위해 가르치고 행동했느냐는 것뿐이다." 슬그머니 끼어드는 이 물음은 마치 라이마루스가 나중에, 오늘날에 덧붙인 것처럼 보인다. 그런 다음 눈길을 끄는 대목에서 라이마루스는 이 물음에서 비롯되는 문헌학적·역사적 문제들을 빠르게 열거한다.

이것은 이상한 물음이다. 이 물음은 '종교의 진정 위대한 목적'―하느님과 도덕에 대한 정결한 이해를 가르치는 것―과 '예수 자신의 목적'을 대비한다. 뒤이은 서술로 분명하게 드러나듯이, 라이마루스는 당대의 시급한 사안들에 관여한 예수에 관해 묻고 있다. 그 사안들이란 로마의 통치로부터 독립하려는 유대인들의 열망, 그리고 정치권력을 통제하고 분배하는 문제였다. 이는 혁명적인 물음이었다. 기존의 견해들은 예수를 천상의 신비를 계시하고 새로운 종교를 세우기 위해 지상에 찾아온 천상의 인물로 묘사했다. 인간의 이성을 넘어서는 그런 계시종교는 당대의 권위주의적인 정치와 잘 어울릴 수 있었다. 서기 1세기 사람들의 희망과 두려움, 열망에 관여한 예수에 관해 라이마루스가 제기한 물음은 인간의 역사와 정치의 영역으로 예수를 다시 데려다놓았다. 그 물음은 교회의 영향권과 국가의 영향권을 깔끔하게 분리하는 질서를 위태롭게 했다. 그 질서 안에서 교회는 사람들의 초자연적인 목표들을 책임지는 한편 나머지 목표들과 관련해서는 세속 통치자를 확실하게 지지하고 있었다. 라이마루스가 시사한 대로 예수가 하느님 나라의 도래를 알리면서 로마인들의 지배 권력을 타도하는 정치적 전복을 가리켰던 걸까? 레싱이 발표한 단편들에 이런 불온한 정치적 함의가 있었음을 감안하면, 제국 검열관이 나서서 이미 심각해진 공개 논쟁에 레싱이 추가로 개입하지 못하게 금지한 것은 그리 놀랄 일이 아니다.

라이마루스가 제기한 물음은 무엇보다도 역사적인 물음이었다. 거기에 답하려면 역사가가 구할 수 있는 모든 도구를 활용해야 했다. 놀랍게도 일찍이 라이마루스는 장차 예수의 삶과 생각을 탐구하려는 사람이 씨름해야 할 주요 과제들을 명시해놓았다. 그런 사람은 예수의 삶의 주요 전거인 공관복음서(共觀福音書:「요한의 복음서」를 뺀 「마태오의 복음서」, 「마르코의 복음서」, 「루가의 복음서」를 일컫는 용어)를 면밀히 검토하여 후대에 어느 정도나 수정되고 왜곡되었는지 확인해야 할 것이다. 또한 예수 당대의 낱말과 구절의 의미에 각별히 유의해야 할 것이다. 예수는 동시대인들에게 '하느님 나라'의 도래를 기대하라고 말했다. 그런데 예수는 어떤 의미로 청자들에게 그런 주장을 했을까?

라이마루스의 글이 발표된 일을 계기로 장차 풍족한 결실을 맺을 연구의 시대가 시작되었다. 20세기 초에 알베르트 슈바이처(Albert Schweizer)는 고전적 저작 『예수전傳 연구사 Geschichte der Leben-Jesu-Forschung』(1906)에서 그 시대를 기록했다. 그런 조사 과정에서 분명해진 점은 1세기의 종교적 믿음과 운동이라는 맥락에 예수를 단단히 자리매김시키려는 노력의 중요성이었다. 실제로 그런 역사적 조사는 막대한 노력을 요구했고 지금도 요구한다. 1948년에 착수한 사해 두루마리를 해독하고 번역하고 편집하는 작업을 생각하면, 서로 관련된 다수 텍스트들의 학술판을 준비하는 작업이 얼마나 많은 노고를 필요로 하는지 알 수 있다. 게다가 그 후에도 텍스트들을 해석하고 그것들과 관련하여 예수를 자리매김시키는 과제가 남아 있다. 사료들과 그 영향력이 지리적으로 퍼져나간 탓에 그 과제는 한층 복잡해진다. 한편으로 구약의 텍스트들은 더 넓은 고대 근동 세계에 뿌리박고 있다. 다른 한편으로 그리스도교는 로마령 팔레스타인을 넘어 지중해의 그리스-로마 세계로 빠르게 팽창했다. 고대에 종교적 믿음과 실천의 발전사에서 성서의 위치가 어떠했는지 충분히 이해하려면 정녕 어마어마한 지식이 필요하다. 그런 지식은 공동 작업으로만 쌓을 수 있다.

나는 기껏해야 몇 가지 예만 제시할 수 있다. 19세기를 지나는 동안 오늘날 보통 '묵시록적' 사유의 사례라고 일컫는 다수의 텍스트들이 빛을 보았다. 그 전까지 성서에서 묵시록 장르의 사례는 「다니엘서」와 「요한의 묵시록」에서 찾을 수 있었지만, 이제 그런 문서들이 훨씬 폭넓게 알려졌다. 그런 문서들은 하늘의 계시에 근거하여 하느님의 목적의 신비를 드러내고 현재의 '악한 시대'가 어떻게 하느님의 극적인 개입을 통해 '다가올 시대'로 대체될지 예고하고자 한다. 새로운 천국과 새로운 현세가 밝아올 것이다. 예수가 '하느님 나라'의 도래를 알렸을 때 과연 어떤 의미로 말했는지를 그 텍스트들이 밝혀줄 수 있을까? 그중 하나인 「모세의 언약」은 특히 관심을 끌었다. 여기에는 '사탄의 나라'가 전복되고 '하느님 나라'로 대체된다는 묘사가 담겨 있다. 사탄의 지배는 연이은 우주적 재난과 격변에 무너질 것이고, 악인들은 벌을 받고 의인들은 영원한 지복을 누릴 것이다. 이런 텍스트의 메아리를 실제로 복음서들에서 발견할 수 있다. 예수가 광야에서 유혹받는 이야기에서 사탄은 예수에게 이 세상의 모든 나라를 주겠다고 제안하는데, 분명 이 제안은 적어도 그 시점에는 그 나라들이 사탄의 것임을 함축한다. 이와 비슷하게 「마르코의 복음서」 13장의 소위 소(小)묵시록에서 예수는 「모세의 언약」에서 묘사하는 사태와 같은 우주적 격변을 예언한다.

이런 묵시록적 텍스트들을 어떻게 생각해야 할까? 요하네스 바이스(Johannes Weiss, 『하느님 나라에 대한 예수의 설교Die

Predigt Jesu vom Reiche Gottes』, 1892에서)와 알베르트 슈바이처 같은 일부 학자들은 그 텍스트들의 내용이 예수의 생각에 가장 가깝다고 보았다. 그들에 따르면 예수는 전능하신 하느님께서 역사에 개입하시어 이 악한 시대에 종지부를 찍으시고 지상에서 당신의 통치를 확립하시리라 예상했다. (다른 측면에서는 아닐지라도) 이 측면에서 예수의 예상은 틀렸다. 이 결론에 심기가 불편해진 다른 이들은 「마르코의 복음서」 13장과 같은 대목들은 훗날 교회가 예루살렘 파괴에 관한 특정한 예언들에 근거하여 지어낸 것이라고 보았다. 어느 쪽이 옳든, 그렇다면 예수가 '하느님 나라'라는 표현에 부여한 의미와 묵시록적 문헌에서 발견되는 의미가 사뭇 다르다고 주장할 수 있게 된다. 어떤 이들은 예수가 부여한 의미가 하느님의 뜻을 개개인이 받아들인다는 랍비식 관념에 더 가깝다고 보았다. 다른 이들은 그 의미가 특히 치유하고 설교하는 예수 자신의 사역과 연관되었던 하느님의 역사 개입을 가리킨다고 보았다. 심지어 어떤 이들은 예수가 1세기에 군사적 수단으로 하느님의 통치와 이스라엘의 독립을 확립하고자 했던 해방 운동 집단들에 더 가까웠다고 주장했다(그러나 신약 학자들 중에 이 견해를 지지한 사람은 거의 없었다).

이런 논의는 성서 텍스트와 그 안의 인물들이 우리의 시대와 문화와는 크게 다른, 우리에게 생경한 특정한 시대와 문화에 속한다는 것을 일깨워준다. 알베르트 슈바이처는 역사적 탐구로 드러난 예수의 낯섦에 대한 이런 의식을 다음과 같이 유명하게 서술했다.

예수의 생애에 관한 연구에는 별난 역사가 있다. 역사적 예수를 찾아 나선 연구자들은 교사이자 구세주로서의 그를 발견하여 우리 시대로 곧장 데려올 수 있다고 믿었다. 그들은 수백 년간 교회의 교리라는 단단한 바위에 그를 옭아맸던 밧줄을 풀었고, 살아 움직이는 인물이 되살아나는 모습을 흐뭇하게 지켜보았다. 역사적 예수가 우리 시대로 다가오는 듯했다. 그러나 그는 한곳에 머무르지 않는다. 그는 우리 시대를 지나쳐 그의 시대로 되돌아간다.(Schweizer, p. 397)

비평과 창조적 읽기

1500년간 교회의 차지였던 공인된 성서 해석을 교회 안팎의 비평가들이 어떻게 빼앗으려 했는지 살펴보았다. 교회의 해석을 매개로 성서 텍스트와 신자들의 경험 사이에 창조적이고 겉보기에 조화로운 관계가 형성되기는 했지만, 비평을 주동한 사람들은 성서 이야기로는 더이상 자신들의 경험을 담아낼 수 없다고 역설했다. 역사학, 지리학, 진화론은 모두 정통 해석의 경계를 깨뜨렸다. 그러나 정설로 통하는 성서 해석이 무너진다고 해서 성서가 더이상 사회적·문화적 창조성의 원천이 아니라는 뜻은 아니다. 오히려 그런 맹렬한 비평이 새롭고 창조적인 성서 읽기로 나아가는 길을 닦을 수도 있다. 루터는, 그리고 역사적 예수를 찾아 나선 사람들은 각자의 방식으로 성서를 자기 것으로 만들고자 했다. 루터는 극적인 성공을 거둠으로써 일군의 새로운 신교적 독법을 개시했다. 예수의 생애와 가르침을 재구성하려 시도한 역사적 비평가들의 작업—분명 예술의 세계에서 가장 꾸준히 시도해온 지적인 과제들 중 하나—은 엄청나게 다양한 복음서 독법을 낳았다. 이런 역사적 탐색과 재구성 과정의 결과로 성서 텍스트와 뒤이은 해석 양쪽 다 문화의 영향을 받으며 형성되었음을 훨씬 깊게 인식하게 되었다. 그런 인식은 양면으로 작용한다. 한편으로는 성서의 의미와 특정한 해석을 동일시하려는 모든 시도에 도전한다. 다른 한편으로, 성서 텍스트 자체가 유구한 전승들과 다양한 공동체들이 대대로 주고받은 창조적인 대화의 소산이라는 인식은 긍정적인 결과를 가져올 수 있다. 이를테면 당대의 맥락에서 성서를 창조적으로, 상상력을 발휘하여 읽으려는 시도를 고무할 수 있다.

제 6 장

탈식민 세계의
성서

오늘날 그리스도교는 아프리카와 아시아의 나라들에서 가장 빠르게 성장하고 있다. 두 대륙의 나라들은 오랜 식민 지배에서 벗어나고 있지만, 경제력이 우세한 나라들과 그들의 초국적 기관에 의해 여전히 다방면으로 지배당하고 있다. 탈식민 세계에서 성서는 새로운 교회와 새로운 교회 생활이 성장하는 국면에서 두드러진 역할을 하고 있다. 성서는 억압적인 체제로부터 벗어나고자 투쟁하는 사람들의 수단으로 사용되었는가 하면 그리스도교를 자기네 전통 문화에 더 가까운 형태로 발전시키려던 사람들을 고무하기도 했다. 성서가 토착어로 번역됨에 따라 새로운 믿음과 실천이 주류 선교 교회들과 나란히 성장해왔다.

이 모든 과정에서 성서의 쓰임새는 결코 이견 없는 문제가
아니었다. 이미 식민자와 선교사가 성서를 사용한 역사가 있
었으며, 그 역사는 현지 문화를 해방시키고 존중하는 것과는
거리가 멀었다. 이 장에서는 서로 딴판인 성서 독법들의 실례
를 보여주고 그런 독법들의 발전에 이바지한 사회-문화적 현
상들을 확인할 것이다.

라틴아메리카의 성서

라틴아메리카를 식민화한 역사는 유럽사에서 가장 음울한
에피소드 중 하나다. 콜럼버스가 도착한 뒤 초기 수백 년간 수
백만 명이 전쟁과 질병, 혹사로 죽었다. 일부 지역에서는 인구
가 80퍼센트나 줄었다. 중앙아메리카와 남아메리카를 식민화
한 에스파냐인과 포르투갈인은 교황에게 그 땅을 '받았고' 현
지 주민에게 개종을 장려했다. 1492년에 오늘날의 엘살바도
르를 '발견한' 콜럼버스는 자신의 사명이 동터오는 새로운 시
대의 일부라고 믿었다. 새 시대에는 그리스도 안에서 통일된
온 세상이 최후의 심판을 받기 전까지 교황 치하에서 마지막
천년왕국을 누릴 터였다. 콜럼버스는 「이사야서」 65장 17절
"나 이제 새 하늘과 새 땅을 창조한다"와 이에 공명하는 「요한
의 묵시록」 21장 1절("그 뒤에 나는 새 하늘과 새 땅을 보았습니다.

7. 산도밍고에 도착한 콜럼버스

이전의 하늘과 이전의 땅은 사라지고 바다도 없어졌습니다.")을 즐겨 인용했다. 지구 전체를 아우를 새 시대에는 그리스도교가 시온 산을 되찾고 모든 사람이 하나의 참된 신앙을 인정할 터였다.

더욱이 교황의 칙령은 에스파냐와 포르투갈의 군주들에게 선교 노력을 지원하기 위해 성전(聖戰)을 일으킬 것을 지시했다. 이와 관련하여 「여호수아기」와 「판관기」의 가나안 정복 서사는 정복만이 아니라 복종을 거부하는 자들을 무참히 살해하는 행위까지 뒷받침했다. 당대에 에스파냐 수도사 토리비오(Toribio)는 대규모 죽음에 대해 이렇게 말했다.

이 땅에서 저지른 큰 죄와 우상 숭배가 그것[죽음—저자]의 원인인지 아닌지 나는 알지 못한다. 그렇지만 일곱 세대 동안 약속의 땅을 소유했던 우상 숭배 민족이 여호수아에 의해 멸망하고 이스라엘의 자손들이 그 땅을 차지한 것은 알고 있다.

Prior, p. 61에서 인용

사정이 이러했으니 성서란 오로지 억압의 도구라고 생각한 사람들이 있었던 것은 놀랄 일이 아니다. 교황 요한 바오로 2세는 페루를 방문했을 때 다양한 토착민 집단들로부터 성서를 유럽으로 도로 가져가라고 요청하는 내용의 공개서한을

> 요한 바오로 2세여, 우리 안데스와 아메리카 인디언들은 당
> 신이 방문한 이참에 당신네 성서를 돌려보내기로 결정했습니
> 다. 지난 500년간 성서가 우리에게 사랑도 평화도 정의도 주
> 지 않았기 때문입니다.
> 부디 당신네 성서를 도로 가져가 우리를 억압하는 자들에게
> 돌려주십시오. 우리보다 그들에게 성서의 도덕적 가르침이
> 더 필요하니까요. 크리스토퍼 콜럼버스가 도착한 이래 유럽
> 에 속하는 문화, 언어, 종교와 가치가 라틴아메리카에 무력으
> 로 강요되었습니다.
> 우리에게 성서는 강제 식민화의 일환으로 다가왔습니다. 성
> 서는 이런 식민주의적 맹공의 이데올로기적 무기였습니다.
> 낮이고 밤이고 인디언의 몸을 공격하고 살해했던 에스파냐의
> 칼은 인디언의 혼을 공격하는 십자가가 되었습니다.
>
> (Richard 1990a)

받았다. 그렇지만 식민지적 맥락에서 오용되는 성서를 구하려
는 강력한 운동이 출현한 곳도 라틴아메리카였다.

일찍이 식민지 정복자들의 시대에도 끔찍한 인디언 학대
에 반대하고 매우 다른 방식으로 성서에 호소한 소수가 있었
다. 물론 성서에 기대지 않고도 인디언의 처우가 비할 바 없
이 부당하고 잔혹하다는 것을 보여줄 수 있었지만, 성서의 권
위에 호소함으로써 토착민 억압에 반대하는 주장을 뒷받침
할 수 있었다. 신세계에서 맨 처음으로 사제 서품을 받은 바르
톨로메 데 라스카사스(Bartolome de Las Casas)는 쿠바를 정복

한(1513) 에스파냐군의 군종 사제였고 한때 노예 소유주였으나 돌연 회심하여 에스파냐의 정복에 결연히 반대하고 나섰다. 그는 다음 구절로 시작하는 「집회서」 34:21~26을 읽고서 크게 뉘우쳤다. "가난한 사람들에게는 빵 한 조각이 생명이며 그것을 빼앗는 것이 살인이다. 이웃의 살길을 막는 것은 그를 죽이는 것이며 일꾼에게서 품값을 빼앗는 것은 그의 피를 빨아먹는 것이다." 1514년에 오순절 선교를 하면서(Salinas, pp. 102-103) 그는 하느님께 바치는 불의한 제물은 가난한 사람들의 피로 얼룩져 있다고 역설했다. "가난한 사람들의 재산을 빼앗아 제물로 바치는 것은 남의 자식을 제물로 바치려고 그 아비 앞에서 죽이는 것과 같습니다." 결국 그는 수도원으로 돌아오라는 명령을 받았고, 적들에 의해 이단자로 몰렸다. 황제 카를 5세는 반역 혐의가 있는 그의 고해성사 규범을 철회하게 했다. 라스카사스 사후에 에스파냐 국왕 펠리페 2세는 그의 저작을 몰수하는 조치를 승인했다(Prior, p. 60).

이처럼 가난한 사람들의 시각에서 현실을 바라볼 것을 강조하는 입장은 오늘날 라틴아메리카 해방 신학자들의 저술에서도 발견할 수 있다. 그들은 하느님께서 가난한 자들 편에 계시므로 교회는 '가난한 사람들을 위하는 편애적 선택'을 옹호해야 한다고 주장하고, 가난한 사람들의 영적 자원이 교회 쇄신에 반드시 필요한 원천이 될 거라고 믿는다.

『해방 신학Teologia de la liberacion』(1971)에서 페루 출신 인디언 사제 구스타보 구티에레스(Gustavo Gutierrez)는 거의 500년에 걸친 식민화와 서양의 지배를 찬찬히 되짚는다. 그 역사의 최종 결과는 라틴아메리카 인구의 절대다수가 극히 가난하게 산다는 것, 그리고 토착민 인구가 대체로 시골 지역이나 대도시 변두리에 갇혀 지낸다는 것이다. 그러나 구티에레스가 보기에 성서는 해방에 관해 말하며—"그리스도께서 우리를 해방시켜주셔서 우리는 자유의 몸이 되었습니다"(「갈라디아」 5:1)—그 자유는 정치적·경제적 자유를 포함해야만 한다. 그런 자유를 얻기가 얼마나 어려운지를 역사가 우리에게 알려주기는 하지만, 성 바울로는 십자가형과 부활이라는 부활절의 경험이 "그리스도인의 존재와 모든 인간의 삶"에서 가장 중요한 부분이라고 역설한다. 바울로는 설교를 통해 우리에게 "옛 사람에서 새 사람으로, 죄에서 은총으로, 노예 신세에서 자유로의 변천"을 상기시킨다. 그런데 바울로가 자유에 관해 말할 때 그 자유란 "이기적으로 자신의 사정만을 중시하는 죄로부터의 해방"을 가리킨다. "부당한 구조의 배후에는 그 원인이 되는 개인 또는 집단의 의지, 즉 하느님과 이웃을 거부하려는 의지가 있다. 또한 그 의지의 존재는 아무리 근본적인 변혁일지라도 사회 변혁이 모든 죄악을 자동으로 억누르는 것은 아님을 시사한다."(Gutierrez, p. 35)

말하자면 해방 신학은 기존의 신학을 확장하여 인간 존재의 사회적·정치적 차원을 고려하고 그리하여 의롭고 평화로운 세계를 만드는 데 필요한 변혁의 성격을 숙고하려는 시도다. 그런 변혁은 마땅히 사회적 변혁, 즉 사회의 구조와 형태를 바꾸는 변혁이어야만 한다. 그러나 거기서 멈춰서는 안 된다. 영속적인 평화와 정의를 실현하려면 개인과 집단의 마음을 바꾸어야 한다.

이같이 신학의 초점을 사적·개인적 구원에서 공적·사회적 구원으로 옮기는 것이 해방 신학의 현저한 특징이다. 해방 신학은 성서의 서사들, 특히 「출애굽기」의 서사와 예수의 수난과 부활 서사에서 드러나는 하느님의 본질에 대한 고찰에 근거를 둔다. 「출애굽기」는 이집트에서 노예 신세로 고통받는 당신 백성들의 외침에 하느님께서 어떻게 응답하셨는지 들려준다. 예수의 죽음과 부활 서사는 인간의 실존을 송두리째 바꿀 희망에 관해 들려준다.

「출애굽기」 서사에서, 다시 말해 이집트에서 이스라엘 민족이 노예 상태에서 벗어난 뒤 "젖과 꿀이 흐르는 땅"으로 들어간다는 서사에서 하느님께서 내리시는 선택은 물론 확실한 선택이다. 하느님은 분명 "억압받는 사람들을 편드신다". 이것은 "하느님께서 불편부당하신 까닭에 고아와 과부를 편애하신다는 것"을 의미한다. "기묘하지만 논리적이게도, 사람을 차별 대우하지 않는다는 것은 억압 상황에서 편애적 선택을 한다는 것을 의미한다."(Pixley, p. 232. 「신명기」 10:16~18 참조) 그러나 「출애굽기」의 선택은 비록 확실한 선택일지라도 특히 라틴아메리카의 탈식민 맥락에서는 문제적 선택이기도 하다. 그이유는 이집트 탈출 서사가 가나안 정복 서사와 밀접히 연관되고, 후자는 라틴아메리카는 물론이고 세계의 다른 지역들에서도 식민지 착취를 뒷받침하는 이데올로기적 논거로 쓰였기 때문이다. 해방 서사가 결국 정복과 집단학살 서사로 끝나지 않으려면 성서를 선별해 읽는 어떤 원칙이 필요하다.

조지 픽슬리(George Pixley)와 구스타보 구티에레스는 각기 다른 노선을 택한다. 픽슬리는 미국 신학자 노먼 고트월드(Norman Gottwald)를 좇아 이스라엘 민족의 역사를 재구성한다. 그렇게 재구성한 역사는 성서의 서술을 전면 부정하기보다 보충하고 의미를 뚜렷하게 한다. 고트월드가 보기에 이스라엘 민족은 해안 평야에 거주하는 억압적이고 적대적인 왕국들을 피해 내륙으로, '주민이 가장 적은' 팔레스타인 산악지역으로 이주한 부족 연합체에서 기원했다. 그 이후 이집트의 지배에서 탈출한 히브리인들이 연합체에 합세했고, 부족들은 결국 히브리인들의 신 야훼를 공동으로 믿게 되었다. 고트월드는 가나안족을 정복하고 말살했다는 서사를 후대에 지어낸 이야기라고 일축한다. 이집트 탈출 서사에서 신학적 핵심은 해방자 야훼에 대한 믿음이다. "강력한 이집트 군에도 불구하고 그들이 강제 농노제에서 탈출하는 데 성공했다는 사실은 이집트에서 가난한 사람들을 편든 신이 참된 하느님이었음을 보여주었다."(Pixley, p. 236)

구티에레스는 성서 텍스트를 더 고수하면서도 선별해서 읽는다. 그는 성서에 관해 묵상하는 저작 『생명의 하느님The God of Life』에서 「여호수아기」를 언급조차 하지 않는다. 그 대신 「출애굽기」의 서사와 예수의 설교, 특히 「루가의 복음서」4:18에서 이제 막 전도를 시작한 예수가 「이사야서」를 읽는 장면을 병치한다.

주께서 나에게 기름을 부으시어 가난한 이들에게 복음을 전하게 하셨다. 주께서 나를 보내시어 묶인 사람들에게는 해방을 알려주고 눈먼 사람들은 보게 하고, 억눌린 사람들에게는 자유를 주며 주님의 은총의 해를 선포하게 하셨다.

이 관점에서 성서를 읽으면 약속의 땅을 정복한 서사는 간단히 사라진다. 바꾸어 말하면, 예수의 설교 자체가 구약 전승들의 중요도를 평가함으로써 성서 전체를 선별해 읽는 (정통) 원칙을 제공한다. 물론 구티에레스의 견해는 역사적 재구성을 통해 성서의 서사들을 교정/정화하려는 고트월드의 시도와 대비된다.

아프리카의 성서

아프리카에서 식민주의는 최근까지 지속되었다. 아프리카 국가들은 대부분 제2차세계대전 이후에야 독립했고, 일부 식민지들은 19세기 후반이라는 늦은 시점에 수립되었다. 아프리카에서도 성서는 억압의 도구로도, 해방의 도구로도 쓰일 수 있었다. 17세기에 네덜란드가 식민화한 이후 19세기 초에 영국이 병합한 남아프리카에서 「출애굽기」와 약속의 땅으로 들어간 이야기는 아프리카너(Afrikaner: 네덜란드 정착민의 후손에 프랑스계 위그노, 독일계 신교도가 더해져 형성된 종족 집단) 이데올로기가 생겨나는 과정에서 중요한 역할을 했다. 영국인들이 케이프타운 운영을 장악하고 자기네 법률과 세제를 강요함에 따라 아프리카너들은 그곳을 떠나 신생 나탈 공화국, 오렌지 자유국, 트란스발 공화국을 수립했다. 그런 이주를 구약의 관점에서 생각하기란 쉬운 일이었다. 아프리카너들은 영국의 멍에를 피해 하느님께서 주신 약속의 땅으로 향한다고 생각했다. 영국이 노예제를 폐지하고 노예를 유지하겠다는 아프리카너들의 요구를 거부했다는 곤혹스러운 사실에도 불구하고 그들은 구약과의 유사점 찾기를 멈추지 않았다. 어쨌거나 구약에서는 제도로서의 노예제 자체를 비난하지는 않는다. 모세오경에 (비교적) 계몽된 율법들이 있기는 하지만 노예제를 폐지하자는 게 아니라 규제하자는 내용이다.

훗날 아프리카너 이데올로기에 따르면 그들의 대이주는 '하느님의 소유가 된' 백성이 영국군의 추격을 물리치고 속박에서 벗어나 신앙심 없는 흑인 '가나안족'이 사방을 포위하고 있는 약속의 땅으로 들어간 순례 여정이었다. 이처럼 그들은 성서 텍스트를 전유하면서 인종주의 요소를 집어넣었다. 흑인 인구는 가나안족과 동일시하고 자신들 백인 아프리카너는 하느님의 소유가 된 백성과 동일시함으로써 그들은 두 집단 사이에 영원한 장벽을 세웠다. 물론 의도한 결과였다.

이 신화는 민족주의적 추모 행위로 보강되었다. 그 행위는 아프리카너들이 핏빛 강 전투(1838년에 보어인과 줄루족이 은코메 강 인근에서 치른 전투)를 앞두고 다짐했다고 전해지는 맹세를 중심으로 진행되었다. 1918년 아프리카너 민족주의를 고취하기 위해 결성한 신교도 조직인 아프리카너 형제회(Afrikaner Broederbond)는 그 맹세를 퍼뜨렸다. 이 경우에도 공동체의 역사에 비추어 성서의 전승을 다시 읽었고, 그 과정에서 공동체의 역사가 변형되었다.

그렇지만 그런 독법이 도전받지 않고 묵과된 것은 아니었다. 아파르트헤이트(Apartheid: 남아프리카공화국의 백인 우위 인종차별 정책)의 반대파 대부분이 세속적 또는 인도주의적 이데 올로기에 근거하여 반격에 나서기는 했지만, 교회 내부에서 일부 주요 인물들이 그 투쟁을 지원한 것은 부정할 수 없는 사 실이다. 당시 교회는 곧잘 '싸움터'라 불렸고, 이 표현대로 교 회 자체와 교회의 지도력 및 핵심 상징을 두고서 다툼이 벌어 졌다. 그럼에도 데즈먼드 투투(Desmond Tutu) 같은 교회 지도 자들은 아프리카너 지도자들을 상대로 그들이 특히 민감해하 는 지점, 즉 그들이 성서 전승을 이용하는 방식에 대한 반론을 펼 수 있었다.

이 측면에서 유익한 책은 투투의 선집 『희망과 고통Hope and Suffering』이다. 투투는 아파르트헤이트의 토지 정책, 그중에 서도 흑인들을 조상 대대로 살아온 땅에서 내쫓아 반투스탄 (Bantustan)이라는 흑인 자치구역에 재배치하는 정책에 반기 를 들었다. 아프리카너 이데올로기는 흑인 인구를 율법을 지 키지 않아서 쫓겨난 '가나안족'으로 보았지만, 투투는 강제 이 주를 당할 처지인 던컨 마을의 흑인 주민들을 '나봇의 포도밭' 서사의 관점에서 보았다. 「열왕기 상」 21장의 이야기에서 사 마리아의 왕 아합은 나봇이라는 백성에게 포도밭을 자신에게 팔거나 다른 포도밭과 바꾸자고 제안한다. 나봇은 "선조의 유 산"이라는 이유로 제안을 거절한다. 그러자 아합의 외국인 아 내 이세벨이 다른 사람들을 시켜서 나봇을 거짓으로 고발하

8. 데즈먼드 투투

게 하고 돌로 쳐서 죽게 한다. 아합은 포도밭을 차지하러 가는 길에 예언자 엘리야를 만난다. 엘리야는 아합에게 내려질 하느님의 심판을 그에 걸맞은 생생한 표현으로 선언한다. "나봇의 피를 핥던 개들이 같은 자리에서 네 피도 핥으리라."(21:19)

투투가 어떻게 이 서사를 활용해 나봇과 던컨 마을 주민들, 아합-이세벨 부부와 남아프리카 체제를 비교했을지 어렵지 않게 짐작할 수 있다. 후자는 힘 있는 자들로서 마을 주민들을 "중요하지 않은 사람들"로 다룰 수 있다고, "당신들은 이 나라에서, 당신들이 태어난 이 땅에서 아무것도 아니다"라고 생각한다. 그러나 "하느님께서는 불의를, 압제를, 착취를 우려하십니다. (…) 하느님께서는 그들이 여러분을 이리저리 내몰까 걱정하십니다". 아파르트헤이트 체제가 주장한 인종 정책의 문제, 분리 발전의 문제를 투투는 단호히 불의의 문제, 흑인의 존엄을 무시하는 문제로 규정한다. "남아프리카에는 모두에게 충분한 땅이 있습니다. 그저 일부 사람들이 탐욕스러운데다 힘까지 가진 덕분에 그들 생각에 중요하지 않고 힘없는 다른 사람들을 희생시켜 자기네 탐욕을 채울 수 있을 뿐입니다. 그러나 바로 그들이 하느님께서 지탱하시는 사람들입니다. 남아프리카여, 부디 나봇의 포도밭 이야기를 기억하십시오."(Tutu, p. 42) 이 글의 배경에는 아파르트헤이트 체제에서 흑인들이 겪은 피로 얼룩진 역사가 있다. 여기서 말하지 않은 나봇 이야기의 세부를 감안하면, 투투가 이 이야기를 언급한 것은 통렬한 공격으로, 거의 위협으로 비쳤을 것이다. 그러니 백인 남아프리카인들이 투투에게 그토록 노발대발한 이유를 어렵지 않게 알 수 있다.

이 모든 주장은 남아프리카를 자기네 땅으로 여기는 흑인 아프리카인들의 관점에서 말한 것으로 당연히 백인 아프리카너들의 반발을 불렀다. 일찍이 투투는 당시 총리 요하네스 포르스터(Johannes Vorster)에게 보낸 공개서한에서 이 주제에 관해 설득력 있게 말한 바 있었다.

한 인간적인 사람으로서 다른 인간적인 사람에게, 우리 모두를 위해 십자가에서 죽으셨다가 죽은 자들 가운데서 부활하신 하느님의 아들과 같은 모습으로 영광스럽게 창조된 사람에게(「로마서」 8:29) 보냅니다. (…) 우리 모두의 내면에서 돌로 된 마음을 살로 된 마음으로 바꾸는 똑같은 성령에 의해 거룩해진 사람에게(「에제키엘서」 36:26; 「2고린토」 3:3) 보냅니다. (…) 한 그리스도인으로서 다른 그리스도인에게 보냅니다. 우리 모두는 같은 세례를 받아 우리의 사랑하는 주이자 구세주이신 예수 그리스도의 몸 안에서 그분의 지체가 되고 일체가 되기 때문입니다(「1고린토」 12:13). 이 예수 그리스도께서는 우리가 무엇을 했든 우리를 갈라놓는 모든 것을, 가령 인종, 성, 문화, 지위 등을 허무셨습니다

〔「에페소」 2:14; 「갈라디아」 3:28〕. 이 예수 그리스도 안에서 우리는 흑인이든 백인이든 하나의 구속받은 인류로서 영원히 결속합니다.(Tutu, p. 29)

투투의 언어는 성서를 본뜨고 암시하는 표현으로 가득하다. 또한 성서를 읽는 정통적인 얼개를 보여준다. 투투는 출애굽이나 약속의 땅 같은 주요 테마를 하나 고르기보다 구약과 신약의 테마들을 두루 인용하면서 기본적인 믿음의 패턴을 제시한다. 그 패턴은 그리스도인들이 전승을 둘러싸고, 그리고 원하건 말건 흑인과 백인 모두를 휩쓰는 역사에 대한 해석을 둘러싸고 싸움을 벌여온 패턴이기도 하다. 투투는 아프리카너들의 정복 서사 독법에 담긴 인종주의를 그리스도교의 보편주의로 대체하여 사회적 분열을 해소하고 '그리스도 안에' 있는 하나의 공통된 인간성을 일깨우고자 한다.

독립 이후 아프리카인들의 성서 읽기

식민지의 멍에에서 벗어나면 무슨 일이 일어날까? 서구 선교사들이 세우고 오랫동안 운영한 아프리카 교회들이 어떻게 진정 아프리카다운 신학과 영성을 표현하고 사회적으로 구현할 수 있을까? 그리고 성서는 이 과제에 어떻게 이바지할 수 있을까? 이 물음들은 분명 이 책의 범위를 넘어선다. 그렇지만 현지화 문제, 즉 아프리카 문화에 그리스도교를 뿌리내리는 문제는 주류 교회에서든 거기서 이탈한 아프리카 독립교회(AICs)에서든 특히 주목을 받아왔다.

보츠와나 출신 무사 두베(Musa Dube)는 독립 이후 성서 읽기의 흥미로운 예를 든다. 그녀는 자국에서 독립교회 여신도들이 예수가 어느 가나안 여자를 만나는 「마태오의 복음서」 15:21~28의 이야기를 어떻게 읽는지 말해준다. 그 가나안 여자는 예수를 찾아와 마귀 들린 딸을 고쳐달라 청한다. 예수의 제자들은 그녀를 물리치고 예수도 처음에는 자신이 "길 잃은 양과 같은 이스라엘 백성만을 찾아 돌보라고 해서" 세상에 왔고 "자녀들이 먹을 빵을 강아지에게 던져주는 것은 옳지 않다"라고 말하며 간청을 외면하려 한다. 그러나 그녀가 "주님, 그렇긴 합니다마는 강아지도 주인의 상에서 떨어지는 부스러기는 주워 먹지 않습니까?"라고 말하자 예수는 그녀의 믿음을 칭찬하고 딸을 치유해준다.

이 이야기에 대한 아프리카 여성들의 독법은 여러모로 인상적이다. 우선 이야기를 읽는 그들의 얼개를 강하게 규정하는 것은 모야(Moya), 즉 성령 개념이다. 그들이 보기에 성령은 "예언을 하고, 병자를 고치고, 구직을 돕고, 가족 관계를 회복하고, 풍작과 알맞은 강우, 가축의 번식을 보장하고, 사람들의 삶에 끊임없이 끼어드는 악의 힘을 쫓아버리는" 능력을 준다 (Dube, p. 112). 이런 이유로 그들은 성령이 예수를 이끌어 가 나안 여자를 만나게 한 것이고 성령의 작용으로 예수가 치유 하고 가르치고 설교한 것이라고 말한다. 더욱이 성령은 포용 적이다. 아프리카 독립교회는 "선교 교회들의 차별적인 지도 부"를 거부한 데서 연원했다. "모야는 그들에게 복음의 아름 다움, 복음의 정의(正意), 식민 교회의 차별적 경향과 반대되 는 복음의 포용성을 계시했다."(Dube, p. 124) 그들 중 한 명은 가나안족과 이스라엘족의 관계를 다음과 같이 인상 깊게 설 명했다. "이스라엘족은 노예로 잡혀 있던 이집트에서…… 젖 과 꿀이 흐르는 땅 가나안으로 보내졌다. 믿음이 깊은 이 가나 안 여자는 젖과 꿀이 흐른 그들의 땅이 어떤 의미인지를 우리 에게 보여준다." 이에 대해 두베는 다음과 같이 논평한다. "이 독법은 전복적인 탈식민적 독법이다. 이 독법은 피식민자들이 가난하고 믿음이 없다는 수사법으로 타민족 지배를 정당화하 는 제국적 전략을 무력화한다."(Dube, p. 125)

예수가 가나안 여자의 믿음을 인정한 일과 성령의 포용성 을 연관지은 아프리카 독자들은 그리스도교 전승을 기꺼이 차용하여 자기네 이야기로 만들면서도 포용성을 보여준다. 세 상에 내재하면서 "여자들과 남자들에게 들어가 능력을 주는" 신으로서의 모야 개념 자체는 아프리카 종교들에서도 흔히 찾아볼 수 있다. 이렇게 그리스도교에도 있고 아프리카 종교에도 있는 개념을 택하는 것은 "차이를 평가 절하하고 소수의 보편적인 기준을 강요하는 데 달려 있는 제국의 문화적 강제력에 저항하면서도 그것을 치유하는 전략이다".(Dube, p. 125) 이와 동시에 그들은 성령을 강조함으로써 큰 자유를 누린다. 아프리카 독립교회의 신도들은 공식 권위나 성서의 권위 같은 다른 권위에 기대지 않고도 성령 안에서 말할 수 있으며, 이런 이유로 여성들은 대단히 자유롭게 활동하면서 독립교회 생활에서 중요할 역할을 담당하고 있다.

마지막으로 두베는 아프리카 독립교회 신앙관의 중심에 치유가 있다고 지적한다. 다양한 치유 활동은 누구에게나 열려 있는 그들의 교회 생활에서 중심을 이룬다. 치유는 삶의 모든 측면을 포괄한다. "실업, 틀어진 관계, 흉작, 잃어버린 소, 악령, 질병, 불운…… 아프리카 독립교회는 하느님의 성령이 이런 사회적 병폐를 치유할 힘을 준다고 주장하는 등 하느님과 손을 잡고서 제도적 억압에 맞서 부단히 투쟁한다. 독립교회는 약속과 해결책을 제시한다. 이 치유의 공간은 독립교회 신도들이 하느님께 홀대받는 의지가지없는 존재가 아니라 사회적 조건을 통제하고 또 바꿀 수 있는 존재로서 당면한 사회적 병폐를 논의하는 정치적 담론장이 된다."(Dube, pp. 126-127)

치유는 예수의 생애를 기록한 복음서에서 두드러지는 모티프다. 계몽주의의 영향을 받은 서구의 해석들은 대체로 예수의 치유를 경시해온 데 반해 아프리카 독립교회는 복음서를 받아들이면서 치유 모티프를 중시해왔다. 그렇기에 주류 교회들이 제시해온 지배적인 해석 패턴들에 독립교회는 이중으로 반대한다. 한편으로 독립교회는 피식민자를 주변화하거나 배척해온 식민주의적 성서 독법에 반대한다. 오히려 독립교회는 가난한 자들에게 자유와 힘을 주고, 배타적이지 않고 열려 있으며, 여성에게 권위를 주는 성서에 호소한다. 다른 한편으로 독립교회는 대안적인 우주론을 역설한다. 하느님께서 모야로서 작용하신다는 믿음과 교회란 하느님의 치유 작용을 모두에게 베풀 수 있는 공동체라는 이해는 두베의 말대로 독립교회 신도들이 그들이 경험하는 가혹한 물리적·경제적 조건에 대항하는 방법이다. 독립교회는 성서 해석의 얼개와 일군의 기본적인 믿음을 제시하며, 그 관점에서 보면 성서 텍스트를 아주 새롭게 이해할 수 있다.

이용과 오용

식민 시대와 탈식민 시대 성서 독법의 역사는 성서의 이용과 오용에 관한 연구에 대단히 유익한 자료다. 그 역사는 성서 텍스트의 엄청난 유연성과 다산성을 여실히 보여준다. 성서는 가장 다양한 독법에 열려 있는 텍스트다. 동일한 성서 텍스트를 어떻게 읽느냐에 따라 한 집단이 살 수도 있고 죽을 수도 있다. 이런 이유로 어떤 이들은 성서 이용을 아예 단념하자는 결론에 도달한다. 반면에 다른 이들은 레싱이 200년 전에 숙고한 대로 성서를 완전히 거부하는 것은 살아가는 데 필수적인 원천에서 등을 돌리는 위험을 무릅쓰는 격이라고 생각한다.

이런 논의는 진퇴양난에 빠지기 십상이다. 라틴아메리카 정복의 역사를 멀찌감치 떨어져서 볼 수 있는 사람이라면 정복자들이 토착민들에게 자행한 소름 끼치는 학대를 도덕적·종교적으로 뒷받침하기 위해 성서를 동원하는 작태에 혐오감을 느낄 수밖에 없다. 그렇다고 해서 그런 성서 독법을 순전히 자의적인 해석으로 간단히 일축할 수도 없다. 성서에서 가나안 땅에 살던 토착민들을 집단학살하는 이야기도 역겹기는 매한가지이기 때문이다. 그런가 하면 오늘날 억압받으며 살아가는 사람들에게 위안과 힘, 자유를 주는 데 성서를 이용할 수 있다는 확실한 증거가 있다. 예컨대 뒤에서 살펴볼 것처럼 성서는 유대교 문화와 그리스도교 문화를 풍성하게 해주었다. 위험하다고 해서 성서에 등을 돌릴 경우 잃을 것이 너무 많다.

그렇다면 성서를 어떻게 이용해야 할까? 첫째, 비판적으로 이용해야 한다. 성서에 다양한 목소리들이 있고 독자들이 성서에서 강조하는 점들이 다양하다는 데 유의해야 한다. 이 다양한 목소리들과 독법들을 분별하고 우리 스스로 도덕적 판단을 내리는 법을 배울 필요가 있다. 둘째, 자애롭게 읽어야한다. 이 말은 성서에 담긴 창조적·해방적·건설적인 목소리들을 받아들여 텍스트를 이해할 필요가 있다는 뜻이다. 예를들어 데즈먼드 투투는 그런 목소리들을 모아 일종의 렌즈를만들고는 그것을 통해 성서를 보고 또 남아프리카의 아파르트헤이트 상황을 볼 수 있었다. 말하자면, 성서의 어두운 면이우리의 도덕적 판단을 압도하는 것을 용납해서는 안 된다. 성서를 비판적으로, 주의 깊게 읽음으로써 우리는 도덕심을 함양할 수 있고, 개개인과 공동체를 바꿀 수 있는 도덕적·종교적 비전을 제시할 수 있다.

제 7 장

고급문화와
대중문화 속의
성서

성서는 유럽 문화의 주요 원천들 중 하나다. 이는 실상을 축소한 말이라 해도 과언이 아니다. 성서는 유럽 문화의 단연 으뜸가는 원천이라고 말하는 편이 더 나을 것이다. 다양한 언어로 번역된 성서는 유럽과 북아메리카의 주요 문화권 어디에서나 언어와 문학, 예술, 음악의 형성에 영향을 끼쳐왔다. 그리고 대중문화의 영화, 소설, 음악에 계속 영향을 주고 있다. 성서의 언어, 이야기, 은유, 전형, 인물 등은 의식적으로든 무의식적으로든 당혹스러울 만큼 가지각색으로 활용되는 방대한 문화적 원천이다. 토마스 만의 『요셉과 그 형제들』 같은 위대한 소설과 바흐의 〈마태 수난곡〉 같은 음악으로 정교하게 개작한 성서의 이야기부터 렘브란트가 세밀하게 묘사한 성서 속 장

> 성서는 우리가 어떻게 생각하든 우리의 상상 전통에서 분명 중요한 요소다. 이 사실은 끊임없이 의문을 불러일으킨다. 이 방대하고 산만한 책이 『페르 귄트 Peer Gynt』(노르웨이 작가 헨리크 입센의 극시) 속 '위대한 뵈위그' 또는 스핑크스처럼 우리의 문화적 유산의 중앙에 불가해하게 자리잡고 앉아서는 그 복판을 에둘러 가려는 우리의 모든 노력을 좌절시키는 이유는 무엇인가?
>
> 노스럽 프라이(Northrop Frye), 『위대한 암호: 성서와 문학 The Great Code: the Bible and Literature』, pp. xviii-xix

면과 서사를 거쳐 시와 픽션 속에서 메아리치는 성서의 은유와 모티프에 이르기까지, 성서의 쓰임새는 실로 방대하다. 존 밀턴과 윌리엄 블레이크 같은 시인들은 그들이 성서를 어떻게 활용했는지 알지 못하면 영영 이해할 수 없다. 다른 작가들은 문화의 성서적 기원을 의식하든 못하든, 그들이 물려받은 문화에서 워낙 큰 비중을 차지하는 탓에 사실상 내치기가 불가능한 '위대한 암호'를 사용하는 편에 더 가까울 것이다.

성서 다시 말하기: 음악 속 성서

성서 속 서사 다시 말하기는 성서 자체의 특징이다. 「열왕기」의 이야기는 「역대기」에서 반복되고, 복음서의 이야기는 세 번 다시 말해진다. 더구나 이미 살펴본 대로 유대교와 그리스도교에서 다시 말하기 전통은 일찍이 기원전 2세기부터 나타났다. 아브라함이 이사악을 묶은 이야기는 「희년서」, 요세푸스의 『유대 고대사』, 유대교의 성서 주해, 중세의 시에서 되풀이된다. 다시 말하기는 청자들이 경험을 납득하는 데 도움이 되었거니와, 그들의 경험을 정경 텍스트에 녹여 넣을 때에도 이용되었다. 이런 상호성―성서의 문화적 언어에 근거하여 새롭고 대개 심란한 경험을 납득하는 한편 그런 당혹스럽고 이례적인 경험에 비추어 정경 텍스트를 다시 형성하고 다시 읽는―은 신앙 공동체의 엄격한 테두리 밖에서 다시 말하기 전통을 이어가려는 작가, 미술가, 음악가를 고무하곤 했다.

특정한 교회의 맥락 밖에서 성서 속 서사를 다시 말하는 그런 과정은 틀림없이 점진적으로 전개되었을 것이다. 교회의 테두리를 벗어나 더 넓은 무대에서 이야기를 말한 방식을 보여주는 좋은 사례는 중세의 수난극들이다. 흑사병에서 구해주신 하느님께 감사를 드리고자 시작했다는 오버아머가우 마을의 수난극 이야기는 예수의 수난을 재연하는 대중극과 공동체 역사의 아주 구체적인 사건이 어떻게 연관될 수 있는지를 보여준다. 그런 연극은 중세의 전례 중에 복음서의 수난 서사를 극화한 형태로 낭송하거나 성가로 부르던 관행―복음서 저자, 다양한 등장인물들, 군중의 역할을 각기 다른 목소리로 표현했다―을 확장한 것이다. 이 음악 전통이 17세

영어에서 흔히 쓰는 다음 표현들은 히브리어 관용구를 문자 그 대로 번역한 흠정역 성서에서 유래했다.

「욥기」 19:20
뼈에 가죽만 남아 잇몸으로 겨우 연명하는 이 신세

「이사야서」 3:15
어찌하여 너희는 내 백성을 짓밟느냐? 어찌하여 가난한 자의 얼굴을 짓찧느냐? 주, 만군의 야훼가 묻는다.

「미가서」 7:17
흙이나 핥는 뱀의 꼴을 만드시고 땅바닥을 기어가는 벌레 신 세가 되게 해주십시오. 겁에 질려 저희의 요새에서 나와 부들 부들 떨며 우리 하느님 야훼께로 오게 하십시오.

「민수기」 22:31
그때에 야훼께서 발람의 눈을 열어주셨다. 그제야 야훼의 천 사가 칼을 뽑아 든 채 길을 가로막고 서 있는 모습을 본 발람 은 고개를 숙이며 땅에 엎드렸다.

기 들어 더욱 발전하여 오페라, 오라토리오, 칸타타와 여기에 포함된 아리아, 레치타티보, 코랄 등이 출현했다. 복음서 텍 스트 외에 새로운 텍스트들이 아리아와 코랄의 가사로 추가 되었고, 그 결과 표현할 수 있는 감정의 폭이 넓어졌다. 이 추 세가 계속되다가 18세기 초엽에 이르자 더이상 복음서의 텍

1633년 독일 바이에른 주 오버아머가우 마을에 흑사병이 엄습했다. 역병의 공세를 끝내주신 데 감사를 표하기 위해 마을 주민들은 10년에 한 번씩 수난극을 공연하기로 맹세했다. 배우들은 전원 마을 출신이다. 대사가 있는 역할은 124개이고, 마을 주민 수백 명이 군중 장면에 참여한다. 수난극은 그리스도가 예루살렘에 입성하는 장면으로 시작해 부활 장면으로 끝난다. 각 장면을 연기하기에 앞서 구약의 한 장면을 묘사하는 활인화(活人畫)를 보여주는데, 이는 다가올 사건을 예시(豫示)한다. 예수가 빌라도에게 심문받는 장면과 짝을 이루는 활인화는 다리우스 왕 앞에 출두한 다니엘을 묘사한다.

스트를 고집하지 않고 가사를 완전히 고쳐 쓴 수난곡들이 나타났다. 바흐는 오늘날 잔존하는 수난곡 두 편 〈요한 수난곡〉과 〈마태 수난곡〉에서 해당 복음서의 텍스트만 사용하는 중세의 관행을 지켰다. 다만 〈요한 수난곡〉에서는 「마태오의 복음서」 27:51~52(예수가 죽은 뒤 성전의 휘장이 찢어지고 땅이 흔들렸다는 증언)를 가미했다. 전체적으로 보아 둘 중에 먼저 작곡한 〈요한 수난곡〉이 더 수수하고, 복음서의 텍스트를 더 뚜렷하게 부각한다. 그러면서도 〈요한 수난곡〉은 특정한 요소들에 역점을 둔다. 첫째, 바흐는 복음서 속 군중의 역할을 이용해 극작 솜씨를 발휘한다. 군중의 역할이 가장 중요한 대목은 예수를 심문하고 십자가에 못박는 부분으로, 여기서 합창단

심문과 십자가형 부분에서 군중의 합창

1. "그 사람이 아니라 바라빠를 풀어주시오."
2. "유다인들의 임금, 만세!"
3. "십자가에 못박으시오! 십자가에 못박으시오!"
4. "우리에게는 율법이 있소. 이 율법에 따르면 그자는 죽어 마땅하오. 자기가 하느님의 아들이라고 자처하였기 때문 이오."
5. "그 사람을 풀어주면 총독께서는 황제의 친구가 아니오. 누구든지 자기가 임금이라고 자처하는 자는 황제에게 대 항하는 것이오."
6. "없애버리시오. 없애버리시오. 그를 십자가에 못박으시오!"
7. "우리 임금은 황제뿐이오."
8. "'유다인들의 임금'이라고 쓸 것이 아니라, '나는 유다인들 의 임금이다' 하고 저자가 말하였다고 쓰시오."

이 노래하는 다양한 악구들은 형식적 대칭을 이룬다(상자글 참조).

바흐의 합창 1·2는 7·8과 대응하고, 합창 3과 6에는 같은 음악이 쓰이고, 대칭의 가운데에 놓인 4와 5는 음악적으로 동일하다. 4와 5 사이에 바흐는 다음의 코랄을 배치한다.

하느님의 아들이시여, 당신께서 갇히시어
우리는 자유를 얻었나이다.

당신의 감옥은 은총의 보좌이며,

모든 신실한 자들의 피난처입니다.

당신께서 스스로 종이 되지 않으셨다면,

우리가 영원히 종일 것이옵니다.

　군중의 합창은 이중 효과를 낸다. 유대인들이 예수에게 반대했음을 부인할 여지를 없애는 한편 그들이 예수에 대한 사형 선고에 가담했음을 강조한다. 분명 「요한의 복음서」도 이 점을 강조하지만, 예수를 십자가에 못박으라고 거세게 촉구하는 합창단의 외침은 합창곡들의 대칭 구조와 더불어 유대인들의 소행을 극적으로 보여준다. 그럼에도 군중의 합창은 핵심이 아니다. 여기서 핵심은 죄책감에 짓눌리던 인류의 죄를 그리스도께서 대속하셨다는 루터교의 교리다. 〈요한 수난곡〉은 인류의 평화와 죄로부터의 해방을 위해 고투하는 예수 개인에게 초점을 맞춘다. 한편 나중에 작곡한 〈마태 수난곡〉에서도 바흐는 합창으로 유대인 군중의 감정을 더욱 강렬하게 연출하고, 역시 루터교의 교리에 맞추어 아리아와 코랄을 활용한다.

　바흐의 수난곡들은 본래 18세기 전반에 라이프치히에서 루터교의 성주간 예배를 위해 작곡한 것이다. 이 수난곡들은 지금도 분명 루터교 의식의 일부분이지만(다만 오늘날 교회 예배의 일부분으로 쓰이는 경우는 드물다), 힘들이지 않고도 연주회장에 진출하기도 했다. 다분히 세속적인 환경에 파고드는 이런 능력은 위대한 예배용 작품들이 어떻게 인간 존재의 위대함과 비참함을 다루고 또 직시할 수 있게 해주는지를 보여주는 뚜렷한 증거다.

이와 비슷하게 예배 형식을 확장한 사례를 벤저민 브리튼(Benjamin Britten)이 작곡한 〈전쟁 레퀴엠War Requiem〉에서 찾아볼 수 있다. 브리튼은 전통적인 위령 미사의 라틴어 텍스트 사이사이에 제1차세계대전에 참전한 시인 윌프레드 오언(Wilfred Owen)의 전쟁시들을 집어넣는다. 미사의 제물로 빵과 포도주를 바치며 말하는 기도를 뜻하는 제4곡 봉헌송(Offertorium)에서 소년 합창단은 신자들의 영혼을 지옥의 고통에서 구해주시고 대천사 미카엘을 통해 "오래전 당신께서 아브라함과 그 자손에게 약속하신" 거룩한 빛으로 인도해달라고 기도한다. 이 구절 다음에는 아케다 이야기를 개작한 오언의 시 「노인과 청년의 우화Parable of the Old Man and the Young」를 가사로 붙인 푸가가 이어진다.

하여 아브라함은 일어났고, 장작을 팼고, 걸었다.
불씨와 칼을 들고서.
둘이 함께 걸어가는 동안

맏아들 이사악이 아브라함을 부르며 말했다. 아버지,

불도 있고 쇠도 있는데

번제물로 드릴 어린 양은 어디 있습니까?

그러자 아브라함은 탄띠와 가죽끈으로 청년을 묶고

홍장과 참호를 만들고는

손을 뻗어 칼을 잡고 자기 아들을 죽이려 했다.

그런데 그때! 한 천사가 하늘에서 그를 불러

말하노니, 그 아이에게 손대지 마라,

그에게 아무 해도 입히지 마라. 보라,

덤불에 뿔이 걸린 숫양을.

아이 대신 그 교만의 숫양을 바쳐라.

그러나 노인은 그렇게 하지 않고

자기 아들을 죽이고

유럽의 자손 절반을 하나씩 하나씩 죽였다.

테너와 바리톤이 이 시의 마지막 행을 되풀이해 노래하는 동안 소년 합창단이 다시 봉헌송을 노래하고 하느님께서 아브라함과 그 자손에게 하신 약속을 언급한다.

(제4장에서 살펴본) 에프라임의 시처럼 오언의 시에서도 아케다 이야기는 시인이 겪은 고통의 무게로 뒤틀린다. 그러나 전자에서는 비록 이사악이 죽기는 해도 결국 되살아나고

아브라함의 신앙이 입증된 반면에 후자에서는 '노인'이 교만의 숫양을 제물로 바치기를 거부하고 참호의 흉장에서 유럽의 청년들을 '하나씩 하나씩' 죽인다. 브리튼의 곡에서 병사들의 목소리는 죽은 자들의 부활을 간청하는 합창단의 목소리와 짝을 이룬다. "오 주여, 당신께서 아브라함과 그의 자손에게 약속하신 대로 그들이 죽음에서 생명으로 건너가게 하소서." 에프라임의 시와 비교하면, 〈전쟁 레퀴엠〉에서 본래 아케다 이야기와 개작 이야기가 한층 격렬하게 단절된다. 아케다의 토대 자체—하느님께서 자신과 후손을 지켜줄 거라는 아브라함의 믿음—가 아브라함의 행위로 인해 의문시된다. 테너가 되풀이해 노래하는 이사악의 질문("아버지, 불도 있고 쇠도 있는데 번제물로 드릴 어린 양은 어디 있습니까?")은 아들의 순진한 믿음과 뒤이은 무분별한 살육을 대비한다. 아브라함의 원형적 신앙을 되돌아보는 시선은 없다. 손상되고 방치된 십자가상의 이미지, 추종자들에게 버림받고 병사들에게 에워싸인 십자가에 못박힌 사람의 이미지만이 그나마 희망을 준다.

포격받은 도로들이 갈라지는 자리에 늘 매달려 계신 분.
이번 전쟁에서 그분 역시 사지 하나를 잃었건만,
지금 그분의 제자들은 따로 숨어 있고
병사들이 그분과 함께 견디고 있다.

골고타 근처를 거니는 많은 사제들,

그들의 얼굴에는

온화한 그리스도를 부인한

짐승의 낙인을 받았다는 자부심이 묻어난다.

관리들은 만백성을 떠밀면서

국가에 충성하라 고함치지만,

더 큰 사랑을 사랑하는 그들은

자신의 목숨을 바친다. 그들은 증오하지 않는다.

〈전쟁 레퀴엠〉에서 오언의 이 시는 하느님의 어린 양(Agnus Dei)이라는 라틴어 기도문—"하느님의 어린 양 세상의 죄를 없애시는 주님 그들에게 안식을 주소서"—사이사이에 배치되어 있다. 아브라함 이야기를 개작한 그의 시는 전통을 재평가하도록 이끈다. 다시 말해 국민적 자부심과 국가에 대한 절대복종 탓에 타락한 사제들과 관리들에게 도전하게 한다. 오언은 교만의 숫양을 죽임을 당한 어린 양으로 대체하려 한다.

미술 속 성서 이미지

성서는 문자 자료로만 이루어져 있음에도 이미지와 회화

9. 벤저민 브리튼의 〈전쟁 레퀴엠〉 초연 리허설. 영국 테너 피터 피어스와 독일 바리톤
   디트리히 피셔디스카우

의 세계를 낳았다. 성서 미술 또한 하느님을 경배하는 성서 공동체들에서 먼저 시작되었고, 유대교 회당에서 이미지를 훨씬 조심스럽게 사용한 유대인들보다 그리스도인들 사이에서 더 흔했다. 그런 미술의 초창기 형식들로는 교회를 장식하는 동시에 가르침을 주어 '빈자의 성서'라 불린 성화상, 회화, 모자이크, 프레스코화, 스테인드글라스 등이 있었다. 조토 디본도네(Giotto di Bondone)와 미켈란젤로 같은 이탈리아의 거장들은 원대한 계획에 맞추어 각각 파도바의 스크로베니 예배당(1305년경)과 시스티나 성당(1508~1513)에서 작업했다. 조토의 프레스코화는 예배당의 마주보는 두 벽을 따라 네 부분으로 이루어지며 (위에서 아래 방향으로) 마리아의 생애의 장면들, 그리스도의 생애의 장면들, 미덕과 악덕의 알레고리들을 묘사한다. 제단 입구 아치에는 수태고지가, 서쪽 벽에는 최후의 심판이 그려져 있다. 시스티나 성당의 경우와 마찬가지로 스크로베니 예배당의 그림들은 회중에게 성서의 개별 이야기들을 상기시킬 뿐 아니라, 예수의 성육신을 통한 구원과 그에 앞선 동정녀 마리아의 생애에 초점을 맞추어 포괄적인 세계관을 나타내기도 한다. 그 세계관의 인격적 함의는 악덕과 미덕을 묘사하는 패널화들과 최후의 심판 그림에 담긴 선명한 대비를 통해 드러난다. 훗날 르네상스 미술에서는 이런 도식을 확장하여 예형론(予型論)의 관점에서 구약의 장면들과 신

10. 미켈란젤로가 묘사한 최후의 심판, 바티칸시국 시스티나 성당

11. 파도바의 스크로베니 예배당에 있는 조토의 프레스코화

약의 장면들을 비교하고 대조했다.

신약의 인물들을 묘사한 조토의 작업은 유연하고 인간적이기는 해도 아직까지 교회의 공식 교리를 정해진 형식으로, 도식적으로 나타냈다. 르네상스 미술은 성서 장면 묘사에 더 개인주의적이고 인격적인 요소를 도입했다. 도나텔로(Donatello)의 탁월한 청동 다비드상(1446~1460년경)은 소년미와 내성법(內省法)에 대한 연구이고, 피렌체 브란카치 예배당에 있는 마사초(Masaccio)의 에덴동산에서 쫓겨나는 아담과 이브를 묘사한 프레스코화(1425년경)는 인간의 고독과 상실에 대한 비범한 연구다. 한 세기 후에 그뤼네발트(Grunewald)는 이젠하임 제단화(1513~1515년경)에서 십자가에 못박힌 예수의 육체적 고문과 고통을 묘사하기 위해 수고를 아끼지 않았다. 제단화를 구성하는 다른 그림들에서는 천사와 같은 천상 세계가 배경에서 아른거리거나 적극 개입하는 데 반해, 책형도(磔刑圖)는 신성한 후광도 없이 온통 새카맣다. 그런 점에서 이 책형도는 하느님의 아들을 하느님께 버림받아 고통받는 사람과 동일시하는 보기 드문 묘사다.

글래스고에 있는 헌터리언 미술관에 소장된 렘브란트의 유화 〈그리스도의 매장〉은 비슷한 테마를 매우 다르게 표현한다. 그림은 입구가 오른쪽에 있는 바위 내부의 묘에서 그리스도의 시신을 눕히는 장면이다. 노인이 그리스도의 어깨를 받치고 있고, 청년이 시신의 무게가 주로 실린 수의를 내리고 있으며, 그 뒤에서 누군가 벽에 기대서 있다. 오른쪽에서는 터번을 두른 사람이 무릎을 꿇고 앉아서 그리스도의 발목을 수의로 받치고 있다. 이 무리의 왼편에서는 한 여성이 횃불을 들고서 손으로 가리고 있고, 그 옆에 턱수염을 기른 노인이 서 있다. 이들 외에 오른편에 또 한 무리가 있고 그중에서 제등을 든 몸집 큰 인물이 두드러져 보인다. 그림의 확연한 특징은 명암법이다. 미묘한 명암 대비에 익숙해져야만 오른편에 있는 사람들의 윤곽이 겨우 보인다.

뮌헨에는 렘브란트가 1635년과 1639년 사이에, 그러니까 글래스고 그림을 작업하고 얼마 후에 그렸음직한 비슷한 매장 그림이 있다. 뮌헨의 매장 그림은 연작 중 하나이며, 그중에는 〈목자들의 경배〉가 있다. 〈목자들의 경배〉는 빼다박은 듯한 구도 면에서나 아기 예수로부터 퍼져나가는 빛을 표현하는 기법 면에서나 글래스고의 〈그리스도의 매장〉과 흡사하다. 두 작품을 함께 고려하면 글래스고 그림 속 인물들은 비탄과 애정, 경배가 뒤섞인 미묘한 감정을 느끼는 듯하다. 흥미롭게도 렘브란트는 원래 그리스도의 발치에 엎드려 있던 여성 위에 무릎 꿇은 여성을 덧그렸다. 비탄에 젖어 엎드려 있는 인물보다 무릎을 꿇고서 경배하는 인물이 더 낫다고 판단했던 것으로 보인다.

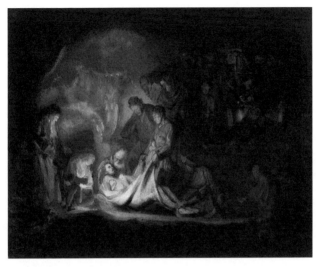

12. 렘브란트의 유화 〈그리스도의 매장〉, 헌터리언 미술관, 글래스고 대학

렘브란트의 그림과 복음서 텍스트의 관계는 복잡하다. 예수의 죽음과 매장, 특히 예수가 숨을 거두자 일어난 극적인 사건들—성전의 휘장이 찢어지고, 땅이 흔들리고, 바위가 갈라지고, 성인(聖人)들이 나타났다—에 관한 마태오의 서술은 예수를 무덤에 안치하고 큰 돌로 입구를 봉했다는 서술과 대비된다(「마태오의 복음서」 27:51~54). 마태오는 아리마태아 사람 요셉이 빌라도에게 예수의 시체를 내어달라고 청하여 승낙을 받은 다음의 일을 이렇게 전한다.

그래서 요셉은 예수의 시체를 가져다가 깨끗한 고운 베로 싸서 바위를 파서 만든 자기의 새 무덤에 모신 다음 큰 돌을 굴려 무덤 입구를 막아놓고 갔다. 그때에 무덤 맞은편에는 막달라 여자 마리아와 다른 마리아가 앉아 있었다.(「마태오의 복음서」 27:59~61)

우리는 복음서 텍스트에 담기지 않은 세부를 렘브란트가 회화와 판화, 소묘로 어떻게 표현했는지 확인할 수 있다. 이를테면 렘브란트는 예수의 시신을 십자가에서 내려 무덤으로 운반한 방식과 무덤 내부의 장면을 표현했다. 뮌헨의 매장 그림에서는 무덤 안에서 예수의 시신을 안치하는 사람들과 오른쪽 상단의 구멍으로 시선이 분산되고, 바위에 난 그 구멍을 통해 저 멀리 십자가가 보인다. 이와 달리 글래스고의 매장 그림에는 입구가 보이지 않아 흡사 무덤을 봉해놓은 것 같고, 밀폐된 공간이라는 느낌을 준다. 그러면서도 렘브란트는 장차 무엇이 무덤 입구의 돌을 치울지 짐작할 수 있게 한다. 그것은 몇 안 남은 친구와 가족이 애도하고 그리워하고 경배하는 그리스도에 내재하는 새 생명의 힘이다. 이 점에서 렘브란트는 정녕 복음서의 해석자다.

성서의 상징성: 은유와 개념

성서가 유럽의 문화적 유산을 형성하고 거기에 영향을 끼쳐왔다는 말의 의미는 성서 속 위대한 이야기들이 문학이나 음악이나 회화나 영화로 개작되었다는 데 그치지 않는다. 페데리코 펠리니(Federico Fellini)는 영화 〈달콤한 인생La Dolce Vita〉에서 「요한의 묵시록」에서 가져온 이미지와 모티프로 현대 로마 사회의 퇴폐를 강조했다. 잉마르 베리만(Ingmar Bergman)은 흑사병을 다룬 어두운 영화 〈제7의 봉인Det sjunde inseglet〉에서 비슷한 모티프를 사용했다. 성서의 언어, 은유, 개념은 무수한 방식으로 유럽 문화에 스며든다. 이를테면 성서 구절을 바꾸어 사용해 어떤 장면에 특색을 가미하기도 하고, 성서의 주요 은유와 개념을 이용해(수용하든 개작하든 혹은 부인하든) 작품 전체를 구성하기도 하고, 성서의 역할 자체를 성찰하는 작품을 창작하기도 한다.

성서의 이런 영향이 과거의 작품들에서만 드러난다고 생각하지 않도록 현대 작가 마거릿 애트우드(Margaret Atwood)의 소설을 예로 들겠다. 애트우드는 『시녀 이야기The Handmaid's Tale』에서 북아메리카의 권위주의 국가 길리어드(Gilead)를 창조한다. 이 세계에서는 핵전쟁을 치른 이후 인간의 생식력이 우려스러울 정도로 급감하자 '시녀' 계급을 만들어 자녀가 없는 지도층 부부들에게 배정한다. 시녀들의 임무는 아이를 낳는 것이다. 그들은 엄격히 통제되고 학대를 당하며, 임신에 실패하거나 반항할 경우 결국 수용소로 보내지거나 처형된다.

성서에도 쓰이는 낱말 '시녀'는 노예 상태를 가리키는 간편하고도 완곡한 표현으로, 여종 또는 여성 노예를 뜻하는 히브리어 아마흐(amah)에서 유래했다. 소설에서 작가는 「창세기」에 나오는 몸종 빌하에 빗대어 시녀의 핵심 의미를 드러낸다. 라헬은 남편 야곱의 아들을 낳은 언니 레아를 시샘하여 자신의 몸종 빌하를 남편의 침소에 들여보낸다(「창세기」 30:1~9). 이야기의 화자 오브프레드(Offred)는 이를 가리켜 "우리가 센터에서 주입받은 케케묵은 라헬과 레아 이야기"라고 말한다(Atwood, p. 99). 소설은 「창세기」의 아브라함, 사라, 하갈 이야기와도 공명한다. 사라는 아브라함의 자식을 낳지 못하자 여종 하갈을 아브라함의 소실로 들여보냈다가 나중에 자신이 아들을 낳자 하갈과 그녀의 아들을 광야로 내쫓는다 (「창세기」 21:8~21). 소설과 공명하는 가장 중요한 성서 구절은 수태고지 때 마리아가 한 말일 것이다. "이 몸은 주님의 종(handmaid)입니다. 지금 말씀대로 저에게 이루어지기를 바랍니다."(「루가의 복음서」 1:38) 간단히 말해 '시녀'는 노예제, 성적 착취, 복종과 연관된 용어다.

그렇지만 성서에는 '시녀'와 연관된 전복적인 서사 갈래도 있다. 이 갈래에 속하는 여성들로는 남편 나발을 공격하려는 다윗에게 달려가 마을의 파괴를 막는 아비가일(「사무엘 상」 25), 유대 왕들에게 조언하는 일련의 '지혜로운 여인들', 그리고 도시 베툴리아를 정복할 수 있는 숨겨진 길을 알려주겠다는 제안으로 아시리아 장군 홀로페르네스를 속이는 유딧이 있다. 유딧은 홀로페르네스가 주는 음식을 거부하고 직접 가져온 양식을 먹겠다고 하면서 절묘한 반어법으로 장군을 안심시킨다. "그 식량이 떨어지기 전에 주님께서는 뜻하신 일들을 나를 통하여 다 이루실 것입니다."(「유딧기」 12:4) 결국 유딧은 홀로페르네스의 천막에 가서 함께 먹고 마시다가 장군이 고주망태가 되자 칼로 그의 머리를 잘라낸다(13:4). 유딧 이야기는 그에 앞서 외국인 침략자 시스라를 살해한 야엘 이야기를 연상시킨다. 헤벨의 아내 야엘은 공격을 피해 달아나는 장

13. 영화 〈시녀 이야기〉에서 사령관과 오브프레드의 위험한 만남

군 시스라를 천막에서 맞이한 다음 지쳐 잠든 그의 관자놀이
에 말뚝을 들이박는다(「판관기 4:22」).

이 이야기 또한 『시녀 이야기』와 공명한다. 오브프레드는
사령관의 방에서 그와 키스한(엄격히 금지된 위험한 일) 다음 변
기 레버를 떼어다가 "날카로운 끝을 갑자기 그의 갈비뼈 사이
에 찔러넣는" 상상을 한다. "나는 그의 몸에서 수프처럼 뜨겁
고 관능적인 피가 내 손 위로 흘러나오는 모습을 생각한다."
(Atwood, p. 150) 이처럼 소설은 남성의 지배에 맞서는 여성의
투쟁과 관련된 오래된 테마들을 골라서 가상의 미래 세계에
집어넣음으로써 과거-현재-미래를 연결한다.

소설은 성서의 역할에 관해 직접적으로 언급하기도 한다.
사령관은 성서를, 정확히 말하면 신중하게 골라 표시해둔 성
서 구절들을 식솔들에게 읽어준다.

그는 건너편에 있는 커다란 전용 가죽의자까지 가서 주머니에서
열쇠를 꺼내고는 의자 근처 탁자 위에 놓인, 정교한 가죽으로 덮
인 상자를 만지작거린다. 그는 열쇠를 끼워 상자를 열고 성서를
꺼낸다. 검은색 표지에 낱장 가장자리를 금으로 장식한 평범한
성서다. 하인들이 훔쳐가지 못하도록 성서는 상자에 넣고 자물
쇠를 채워둔다. 성서는 소이탄과 같다. 행여 우리가 성서를 손에
넣는다면 그걸 어떻게 써먹을지 어느 누가 알겠는가? 우리는 그

가 읽어주면 성서를 들을 수야 있지만 읽을 줄은 모른다. 우리는 그를 향해 고개를 돌리고 잠자리 동화를 기다린다. ……늘 듣는 이야기, 늘 듣는 이야기들. 하느님이 아담에게, 하느님이 노아에게 하는 이야기. 자식을 많이 낳고 번성하여 땅을 가득 채워라. 그러고 나면 케케묵은 라헬과 레아 이야기가 들려온다.

Atwood, pp. 97-99

데이비드 재스퍼(David Jasper)는 이렇게 말한다.『시녀 이야기』는 "성서 정경의 힘과 당국이 성서를 보호하고 사회 통제의 도구로 사용하는 방식을 작품에 활용한다. 실제로 애트우드의 목적 중 하나는 우리 문화에 근본적인 이 책, 여전히 우리의 관습과 사회질서에 갖가지 은밀한 방식으로 스며드는 책의 위험성을 가리키는 것이다. 길리어드 공화국은 다분히 미래주의적인 사회가 아니라 오히려 우리 사회의 악몽 같은 버전일 것이다"(Jasper, pp. 48-48). 소설은 성서의 감추어진 전복적 잠재력도 암시한다. 자물쇠를 채워둘 필요가 있는 그 잠재력은 "소이탄과 같다. 행여 우리가 성서를 손에 넣는다면 그걸 어떻게 써먹을지 어느 누가 알겠는가?" '시녀들'이 성서를 손에 넣었다면 이야기가 딴판으로 흘러갔을 것이고 소설 전체의 양상이 크게 달라졌을 것이다.

문화의 뿌리

이 장에서는 성서의 엄청난 생식력, 즉 극히 다양한 문화적 표현에 영감을 주는 성서의 능력과 '일단 성서를 손에 넣은' 사람들이 성서를 활용할 수 있는 갖가지 방식을 간략하게 살펴보았다. 우리 사회의 문제 중 하나는 성서에 대한 무지가 만연해 있다는 것이다. 애트우드의 이야기에서 시녀들은 사령관이 읽어주는 구절만 알지 성서의 전복적 능력은 모른다. 성서에서 유래하여 우리를 얽매고 우리의 사회적 관습을 형성하는 테마와 모티프조차 모른다면 우리의 처지는 더욱 나빠질 것이다. 무엇이 우리를 얽매는지 알지 못한다면, 우리 문화의 성서적 요소들을 회복하는 것은 고사하고 어떻게 비판할 수 있겠는가? 그럴 때 우리의 문화적 유산을 더욱 깊게 이해하고 비판할 길은 차단된다. 해방과 구원을 위해 성서를 이용할 길역시 가로막힌다.

제 8 장

정치 속의 성서

구약/히브리 성서의 서사, 율법, 예언은 적어도 한 가지는 의심할 나위 없이 분명하게 밝힌다. 바로 구약 저자들이 보기에 하느님의 뜻과 지시가 그분 백성들의 인생 전체를 망라한다는 것이다. 하느님의 백성들이 모세와 아론 같은 지도자들이나 후대 왕들 치하에서 행한 일은 하느님의 율법에 따라 심판받게 된다. 그들은 하느님 덕택에 그분 백성으로서 존재하는 것이다. 하느님은 그들이 율법을 지키면 보호하고 돌봐주실 테지만, 율법을 어기면 심판하고 추방하고 노예로 만드실 것이다. 신약은 구약보다 덜 분명한 메시지를 전달한다. 신약의 중심인물인 예수는 비세속적 또는 유토피아적으로 보이기도 하는 윤리를 주창한다. 이를테면 악인에게 맞서지 말고, 원수를 사랑하고, 맹세를 삼가라고 설파한다. 예수의 발언 일부는 종교적 영역과 세속적 영역을 날카롭게 구분하는 것으로 보이기도 한다. 예컨대 "카이사르의 것은 카이사르에게 돌리고 하느님의 것은 하느님께 돌려라"(「마태오」 22:21), "내 왕국은 이 세상 것이 아니다"(「요한」 18:36) 같은 발언이 그렇다. 바울로는 로마 신자들에게 보낸 편지에서 지배하는 권위에 복종하라고 권하면서도(「로마서」 13:1) 정작 본인은 당국과 충돌한다. 「요한의 묵시록」에서 로마는 바빌론의 탕녀로 묘사되고, 화자는 로마가 멸망하고 하느님의 통치가 전 세계로 확대되리라 전망한다(「묵시록」 17:1~6). 때때로 신약은 세속 통치자들이 싹 사라지고 새 하늘과 새 땅이 확립된 뒤에야 나타날 세상을 위한 윤리를 내놓는 것처럼 보인다. 그런가 하면 신약은 속세의 고유한 작동 영역을 내버려두고 천국의 일에 더 초점을 맞추는 것처럼 보이기도 한다.

성서 텍스트에 복잡하고 얼마간 모순되는 메시지들이 담겨 있음을 감안하면, 성서의 쓰임새와 영향 자체도 다양하리라 예상할 수 있다. 우리는 이미 그런 예들을 살펴보았다. 식민자들의 성서 독법은 그리스도인이 라틴아메리카와 아프리카의 땅을 정복하고 현지 토착민을 예속시키고 나아가 절멸시키는 행위를 정당화했다. 반대로 똑같은 성서가 피식민자의 해방을 돕는 강력한 도구로 쓰이기도 했다. 이 장에서는 정치생활의

> "사람들이 어떤 성서를 읽고서 종교와 정치는 섞이지 않는다고
> 말하는지 저는 도통 모르겠습니다."
>
> 데즈먼드 투투, 크리스천 에이드(Christian Aid:
> 빈곤 퇴치에 힘쓰는 영국 NGO)의 포스터

다른 영역들에서 성서가 정치적 독트린과 관행의 형성에 어떤 영향을 끼치는지, 나아가 그 결과로 어떤 복잡성과 다양성이 생겨나는지 살펴보려 한다.

성서와 정치적 권위

언젠가 핀란드 학자 헤이키 래이새넨(Heikki Raisanen)은 성서에서 가장 영향력 있는 구절은 「로마서」 13장 1절("세상의 모든 권위는 다 하느님께서 세워주신 것이기 때문입니다")이라고 주장했다. 이 주장은 참일 공산이 크다. 그런 구절은 포악한 체제에 신학적 신망과 권위를 덧씌워줄 수 있는 까닭에 자주 이용되었다. 이 테마를 다룬 고전적 사례는 마르틴 루터의 「세속 권위: 어느 정도까지 복종해야 하는가」다. 종교개혁 초기인 1523년에 발표한 이 논고에서 루터는 군주의 권위와 의무를 규정하려 했다. 루터는 군주 권위의 긍정적인 필요성을 논하면서도 명백히 비판적인 어조로 "그들(군주들—저자)이 삼가

고 하지 말아야 하는 일"을 강조했다.(Dillenberger, p. 365)

루터는 군주들이 정녕 하느님으로부터 직무를 실행할 권위를 부여받고 그런 직무에는 악인을 붙잡아 사형에 처하는 일이 포함된다는 것을 의심하지 않았다. "우리는 세속법과 칼을 단단히 확립하여 그것이 현세에서 하느님의 뜻과 명령에 의한 것임을 아무도 의심하지 않게 해야 한다."(Dillenberget, p. 366) 그리고 루터는 하느님께서 세속 통치자들의 권위를 세워주신다는 증거로 「로마서」 13:1~2와 「1 베드로」 2:13~14를 들고, 그들의 사형 집행권을 정당화하는 근거로 「창세기」 4:14~15와 9:6, 「출애굽기」 21:14와 21:23~31, 「마태오」 26:52, 「루가」 3:14, 「1 베드로」 2:14 등 여러 구절을 들었다.

여기까지는 괜찮다. 그런데 루터는 위 구절들과 상충하는 다른 구절들도 알고 있었다. 「출애굽기」 21:23~25는 "사고가 생겨 목숨을 앗았으면 제 목숨으로 갚아야 한다. 눈은 눈으로, 이는 이로, 손은 손으로, 발은 발로, 화상은 화상으로, 상처는 상처로, 멍은 멍으로 갚아야 한다"라고 말한다. 그러나 예수는 산상설교 중에 같은 구절을 인용하면서 그에 반대되는 말을 하는 것으로 보인다. "'눈은 눈으로, 이는 이로' 하신 말씀을 너희는 들었다. 그러나 나는 이렇게 말한다. 앙갚음하지 마라. 누가 오른뺨을 치거든 왼뺨마저 돌려 대어라."(「마태오」 5:38~39) 이렇게 서로 모순되는 언명들을 어떻게 조화시킬 수 있을까?

루터 이전에 성서 해석학자들은 평범한 그리스도인들을 위한 계율과 독실하거나 완전한 그리스도인들을 위한 완덕의 권고 (councels of perfection: 복음적 권고라고도 하며 청빈, 정결, 순종을 가리킨다)를 구별함으로써 모순되는 언명들을 조화시키려 했다. 루터는 그런 동향에 반대했는데, 자신이 예수의 계명으로 이해한 「마태오」 5:38~39의 문자 그대로의 의미를 그런 동향이 침해할 터였기 때문이다. 분명 예수는 사람들에게 악인에게 맞서지 말라고 명령했다. 그런데 어떤 사람들에게 명령했던 걸까?

루터는 모순을 해소하고자 두 '나라'의 숙명적인 차이에 의존했다. "우리는 아담의 자손들을 두 부류로 나누어야 한다. 첫째 부류는 하느님의 나라에 속하고, 둘째 부류는 지상의 나라에 속한다."(Dillenberger, p. 368) 예수의 계명은 그리스도인에게 주어진 것으로, 신도라면 문자 그대로 준수해야 한다. 그리스도인은 설령 법정의 지원을 기대할 수 있다 할지라도 자신의 권리를 추구해서는 안 된다. 그리스도인은 "세속의 칼이나 법을 필요로 하지 않는다". 다른 한편으로, 통치자는 악한 자들을 억제하고 피해를 입는 자들을 지원하여 불의를 바로잡을 의무가 있다. "여기서 알아두어야 할 것은 율법이 올바른 사람들을 위해서 제정된 것이 아니라는 것입니다. 하느님의 율법을 어기는 자와 순종하지 않는 자, 불경건한 자와 하느님을 떠난 죄인, 신성을 모독하는 자와 거룩한 것을 속되게 하는 자, 아비나 어미를 죽인 자와 사람을 죽인 자, 음행하는 자와 남색하는 자, 인신매매를 하는 자와 거짓말을 하는 자, 위증하는 자와 그 밖에 건전한 교설에 어긋나는 짓을 하는 자들을 다스리기 위해서 율법이 있는 것입니다."(「1디모테오」 1:9-10.) 두 나라는 "뚜렷이 구분되어야 하고 둘 다 존속할 수 있어야 한다. 전자는 신심을 낳고, 후자는 외적 평화를 가져오고 악행을 막는다. 두 나라 모두 다른 나라 없이는 충분하지 않다."(Dillenberger, p. 371)

이 교리(하느님의 나라와 지상의 나라를 대비한 아우구스티누스의 신국론과 유사한 측면이 없지 않은)는 근대 유럽의 형성에 엄청난 영향을 끼쳤다. 이 교리는 교회의 영향권과 국가의 영향권을 분명하게 구분하여 양자가 쉬이 공존하는 데 이바지했다. 교회와 국가는 공존하는 데 그치지 않고 대개 동맹까지 맺었다. 동맹은 양편 모두에게 너무도 편리한 선택지였다. 교회는 이데올로기로 국가를 떠받쳤고, 국가는 세속권력으로 교회의 권위를 뒷받침했다. 양자는 서로의 일에 간섭하지 않았다. 독일에서 제3제국 시기에 이런 '왕좌와 제단'의 동맹이 체결되자 루터교도 다수는 나치의 통치를 받아들였다. 다시 말해 '독일 그리스도인들'은 민족사회주의와 동맹을 맺었던 것이다. 그렇지만 나치의 통치를 거부한 사람들은 이 교리 탓에 좀체 극복하기 힘든 곤경에 처했다. 국가의 운영에 간섭하는 데 그치지 않고 폭정을 전복하기 위해 그들은 어느 정도까지 적 극 활동할 수 있었거나 활동해야 했을까? 루터교 신학자 디트 리히 본회퍼(Dietrich Bonhoeffer)는 폭탄으로 히틀러를 암살하 려다 미수에 그친 음모에 가담했다가 목숨을 잃었다.

루터가 정교분리 교리에 끌린 데에는 그럴 만한 이유가 있 었다. 그 교리는 신앙의 문제에 대한 세속의 간섭에 저항하는 뚜렷한 신학적 입장을 제공했다. 루터는 가톨릭교도 통치자들 이 교황의 종교적 견해를 자신의 동료 복음주의자들에게 강 요하려 들 경우, 그런 일은 세속의 권위를 벗어난다고 비난할 수 있었다. 그렇다면 통치자가 복음주의자들에게 세속 영역에 서 그릇된 일을 하라고 명한다면 어떻게 해야 할까?

"그럴 때 그의 백성들은 명령에 따를 의무가 있는가? 나는 아니 라고 답하노니, 그릇된 일을 하는 것은 어느 누구의 의무도 아니 기 때문이다. 우리는 사람에게 복종하기보다 의로움을 바라시는 하느님께 복종해야 한다(「사도행전」 5:29). 군주가 옳은지 그른 지를 백성들이 알지 못할 때에는 어떻게 해야 할까? 답하노니, 그들이 그것을 알지 못하고 알아낼 방도도 없다면 복종하더라도 그들의 혼이 해를 입지 않을 것이다."

Dellenberger, p. 399

상상력을 한껏 발휘하지 않아도 이런 언명이 용감한 저항
(루터 본인이 강력한 실례를 보여주었다)을 고무하는 한편 타협
과 이데올로기적 억압에 근거를 제공했으리라 짐작할 수 있
다. 군주의 의지에 반대하는 위험을 무릅쓰고 싶지 않았던 사
람들은 '충분한 무지'의 원리에 호소할 수 있었다. 그런가 하
면 통치자는 원죄 교리에 의지하여 신민들의 마음이 죄로 덮
여 있는 탓에 원리상 자신이 옳은지 그른지 결코 알지 못한다
고 주장할 수 있었다. 레싱이 발표한 라이마루스 단편(제5장
참조) 가운데 하나의 제목은 '설교단에서 이성을 비난하는 것
에 대하여'였다. 이 단편은 전제적 통치와 신학적 이성 폄하를
결합하는 행태를 어느 정도는 성서에, 어느 정도는 이성에 근
거하여 공격했다. 그럼에도 18세기 중엽에 교회와 국가의 동
맹이 워낙 강고했던 까닭에 라이마루스는 원고를 직접 발표
하기를 꺼렸다. 그는 자신이 투옥되고 가족이 오명을 쓸까 우
려하여 원고를 안전하게 감춰두었다.

국가에 대한 충성: 선서와 무기 소지

종교개혁가들 모두가 루터처럼 세속적 나라와 종교적 나라
를 분명하게 구별하려 했던 것은 아니다. 급진 종교개혁 전통
에 속하는 재세례파를 비롯한 이들은 예수가 산상설교(「마태

오」5~7)에서 말한 계명들, 그중에서도 구약의 율법에 배치되는 계명들(「마태오」 5:21~48의 '여섯 반명제')이 장차 모든 인간 사회의 지침으로 받아들여지리라 믿었다. 그들은 옛 율법이 대체되었고, 예수가 더욱 의로운 사회를 만들어낼 새 율법을 공표하러 왔다고 주장했다. 그들은 이 견해를 거의 곧이곧대로 실천에 옮겨 옷과 재물을 과시하는 행위를 삼갔고, 법정에서 선서하는 행위와 스스로를 지키기 위해 무기를 소지하는 행위를 거부했다. 스위스 도시 장크트갈렌의 시민들은 하느님께서 지켜주시리라 믿고서 성문을 허물었다. 그런 대응을 이상하게 여기고 이해하지 못하는 많은 사람들에게 그들은 이렇게 대꾸할 수 있었다.

누구든 하느님의 계명을 어렵게 여기는 자는 하느님을 사랑하지 않고 그분이 얼마나 좋으신지 알지 못하는 것이다. (…) 하느님의 계약과 그분 아드님의 멍에는 그것을 짊어지지 않는 자에게만 무겁다. (…) 하느님의 포도밭에 일거리가 많을수록 그는 덜 지친다. 하느님 안에 있는 그에게는 그 일조차 휴식이다.

한스 덴크(Hans Denck), Luz, p. 55에서 인용

이처럼 하느님의 율법은 좋은 것이라는 소박한 믿음과 그 율법을 문자 그대로 실천하려는 의지는 전도 열의와 결합했

다. 법과 질서를 유지하는 데 선서 절차와 칼의 힘이 필요하다고 생각한 사람들은 복음주의 윤리를 열렬히 옹호하는 자들이 사회의 안정에 심각한 위협이 된다고 보고서 그들을 가혹하게 다루었다. 그렇지만 그들의 열의는 여간해서는 꺾이지 않았다.

산상설교의 가르침을 시민사회에서 실행하려 시도한 가장 흥미로운 사례들 중 하나는 펜실베이니아의 퀘이커파였다. 루터와 달리 그들은 아담의 자손들을 두 부류로, 즉 하느님 나라의 사람들과 지상 나라의 사람들로 나누지 않았다. 오히려 그들은 조지 폭스(George Fox)가 자신의 종교적 회심(回心) 경험과 「요한의 복음서」 1장 9절에 근거하여 가르친 대로 "모든 사람은 그리스도의 거룩한 빛을 받아 밝아졌다"라고 믿었다. 그러므로 그리스도인을 위한 법과 세속의 자손을 위한 법, 이렇게 두 종류의 법이 있다는 것은 (적어도 이론적으로는) 가당찮은 말이었다. 게다가 재세례파와 마찬가지로 퀘이커파는 산상설교의 계명들을 문자 그대로 받아들여 무기를 소지하거나 선서하는 행위를 거부했다.

선서에 대한 폭스의 입장은 명확했다. "우리의 주인이자 스승이신 그리스도께서 "아예 맹세하지 마라. 그저 '예' 할 것은 '예' 하고 '아니요' 할 것은 '아니요'만 하여라. 그 이상의 말은 악에서 나오는 것이다"라고 말씀하셨으니 사람들에게 선서할 때 주의하라." 모든 말을 진실하게 하고 그 진실함을 입증하는 것은 "모든 사람 내면의 빛"이었다. 선서와 맹세는 심판의 날에 책임져야 하는 "헛된 말"에 지나지 않았다. 구약에 담긴 맹세의 규칙은 유대인을 염두에 둔 것으로, 모든 맹세를 금한 예수와 야고보의 말에 맞설 수는 없었다. 폭스는 1656년에 재판에서 이런 견해를 변호해야 했지만, 1689년까지 퀘이커교도는 "전능하신 하느님 앞에서"라는 간단한 확약(affirmation)으로 선서를 대신하는 것을 허용받았으며, 그와 동시에 형사사건 증인, 재판 배심원, 공직자의 역할에서 배제되었다.

1682년 윌리엄 펜(William Penn)의 지도 아래 펜실베이니아 식민지가 수립되었다. 같은 해에 "진실을, 완전한 진실을, 오직 진실만을 말하겠다고 엄숙히 약속"하고서 증언할 것을 요구하는 법률이 제정되었다. 그런데 문제가 있었다. 첫째, 펜실베이니아가 아직까지 잉글랜드의 식민지였던 까닭에 잉글랜드 법과 충돌할 가능성이 있었다. 둘째, 식민지에 아일랜드와 독일 출신 정착민들을 끌어들였는데, 그들이 전통적인 선서를 거부하는 증인들 및 배심원들과 불화했다. 곡절 끝에 타협안이 마련되었다. 잉글랜드 군주는 퀘이커교도에 한하여 형사사건에서 선서 대신 확약을 하고 공직자로서 하느님을 전혀 언급하지 않는 것을 허용했지만, 나머지 사람들은 선서를 해야 하고 따라서 적절한 공직자가 그들의 선서 절차를 집행해야 한다고 고집했다. 이 조치는 퀘이커교도를 특정한 공직에서, 무엇보다도 치안판사와 법관 직책에서 배제하는 결과를 가져왔다.

더 심각한 시험은 무기 소지 문제를 극복하는 것이었다. 퀘이커교도는 평화주의에 헌신했기 때문이다. 조지 폭스는 찰스 스튜어트에게 맞서 공화국을 위해 싸우기를 거부했다. 그의 입장은 성서 텍스트에 확고히 입각하고 있었다.

> "우리는 평화적이고, 모두의 평화와 선, 안녕을 추구한다. (…) 그리스도께서 '내 왕국은 이 세상 것이 아니다. 만일 내 왕국이 이 세상 것이라면 내 부하들이 싸웠을 것이다' 하고 말씀하셨기 때문이다. 그렇기에 그리스도께서는 베드로에게 '칼을 도로 칼집에 꽂아라. 칼을 쓰는 사람은 칼로 망하는 법이다' 하고 명하셨던 것이다. 여기에 모든 일을 감내하고 견디는 성인들의 신앙과 인내가 담겨 있다. 그들은 복수가 주님의 몫임을, 주님의 백성을 해치고 무고한 사람에게 나쁜 짓을 하는 자들에게 주님께서 앙갚음해주실 것을 알았다. 그러니 우리는 보복할 수 없고 그분의 이름을 위해 고통을 견뎌야 한다."
>
> Boorstin, pp. 48–49

잉글랜드에서 탈출한 퀘이커파는 영국 군주의 군사적 · 정치적 야심이 없는 펜실베이니아에서 평화적인 생활방식을 자유롭게 추구할 수 있으리라 생각했을지 모르지만, 그들이 도착한 땅이 식민지였던 탓에 그런 일은 불가능했다. 그들은 프랑스 군과 에스파냐 군에 맞서는 일련의 전쟁에 휘말렸으나 북부와 남부의 식민지들이 영국 왕의 적들을 대체로 막아주었다. 그렇지만 그 과정에서 식민지 개척자들에게 밀려난 인디언들이 펜실베이니아에 전쟁을 걸고 공격을 해왔다. 1755년에 서쪽 변경의 정착민들이 인디언들에게 몹시 시달리자 당시 펜실베이니아 의회에서 타협파의 지도자였던 벤저민 프랭클린(Benjamin Franklin)은 식민지 방어에 필요한 병력을 동원하는 방안에 찬성하는 여론을 조성했다. 1756년 펜실베이니아 총독과 평의회는 델라웨어 인디언과 쇼니 인디언에게 전쟁을 선포했다. 그러자 펜실베이니아 의회의 퀘이커교도 의원들이 대부분 사직했다.

이 이야기에서 교훈을 이끌어내려는 사람은 주의해야 한다. 내가 위에서 퀘이커교에 관해 서술하면서 크게 의존한 미국 역사가 대니얼 부어스틴(Daniel Boorstin)은 퀘이커교도들이 자기네 동기와 행위의 순수성을 중시했다며 한탄하고, 만일 그들이 어느 정도 타협할 의향이 있었다면 미국 사회의 뒤이은 역사에서 권력을 유지하고 더 큰 영향력을 행사했을 것이라고 확신한다. 결코 부당한 관점은 아니다. 그렇지만 충분히 납득할 만한 관점일까? 평화주의자가 자기 원칙에 계속 충실하면서도 타협할 수 있는 곳은 쉬이 떠오르지 않는다. 잉글랜드의 퀘이커교도들이 펜실베이니아의 동료들에게 흔들리지 말라고 격려한 데에는 이런 사정이 있었을 것이다. 그들은 평화적인 사람들이었으며, 만일 무기를 들었다면 교파의 정체성을 상실했을 것이고 남들과 똑같이 선서를 해야 했을 것이다. 결국 그들은 평화주의 원칙을 공식 정책으로 추진할 사회를 건설하는 일에 나서야 했다. 그렇지만 선서를 둘러싼 논쟁이 분명하게 보여주듯이, 그들은 자기네 일을 결코 자기네끼리 처리할 수 없었다. 펜실베이니아에서 그들은 영국의 제국적 야망에 발목이 잡혔다. 펜실베이니아 식민지에 살러 온 다른 사람들은 정착지를 약탈하는 인디언에게 대처하는 방안을 두고 퀘이커파와 의견이 갈렸다. 간단히 말해 자기네 원칙을 공식 정책으로 정하려 시도하던 퀘이커파는 서로 다르고 불가피하게 상충하는 원칙들 사이에서 균형을 잡아야 할 필요성을 고려하지 않았다. 그리하여 그들은 예언자처럼 삶으로써 전쟁과 강압의 잔혹함을 입증하고자 하는 주변부 집단이 되었다. 이런 집단은 루터의 교리가 낳은 정치체들처럼 오래 존속하는 정치체가 되지 못할 것이다. 그렇지만 종교적 나라의 윤리와 세속적 나라의 윤리를 선명하게 구분하려던 시도가 결국 주변부로 밀려난 지 오래되었음에도 퀘이커교도들이 공

199

동체에 계속 헌신하는 이유는 바로 자기네 원칙을 공적 생활
과 연관지어야 한다는 주장을 포기하지 않고 있기 때문일 것
이다.

젠더 정치

방금 우리가 고찰한 역사적 사례들은 모두 복음서의 명령
을 시민사회를 지도하는 원리로 번역하려던 시도와 관련이
있었다. 한편의 루터와 다른 한편의 재세례파와 퀘이커파 양
편 모두의 결점은, 마치 한 언어를 다른 언어로 번역하는 문제
에 불과하다는 듯이 그런 번역을 비교적 수월하게 직접적인
방식으로 할 수 있다고 믿었다는 것이다. 그러나 복음서와 바
울로 서한의 금언을 16세기와 17세기/18세기의 사회적·정
치적 현실에 적용하려면 분명 단순한 번역 그 이상이 필요했
다. 다시 말해 당대의 사회적 여건에 훨씬 더 주의해야 했다.
루터의 경우 독일 제후들의 권력과 상충하는 이해관계에 주
의해야 했고(루터는 이 여건을 고려했다. 그런 고려가 그의 성서 독
법에 얼마나 영향을 주었는지 자각하지는 못했지만), 퀘이커파의
경우 영국 군주의 간섭과 제국적 야망에 유념해야 했다.

나는 마지막으로 성서의 명령을 현대 사회에서 구현하는
것이 과연 바람직한가라는 문제와 관련하여 논쟁이 훨씬 더

분분한 주제를 살펴보려 한다. 바로 젠더 정치다. 이 주제를 논하는 사람들은 대개 성서를 비판적으로 읽어야 할 필요성, 그리고 성서와 오늘날 현실이 비판적·상상적 관계를 맺어야 할 필요성을 아주 뚜렷하게 의식하고 있다.

간단히 말해 성서에는 남성에게 순종할 것을 여성에게 명령하고 여성성에 비해 남성성을 칭송하는, 명백히 가부장적인 구절이 많다. 앞에서 우리는 「창세기」의 두 서사에서 그런 태도를 확인했다. 신약에는 여성은 교회에서 침묵해야 하고(「1고린토」 14:34) 아내는 매사에 남편에게 순종해야 한다는 명령이 담겨 있다. 수세기 동안 그런 명령들이 채택되어 교회 생활에 포함된 결과, 페미니즘이 성장함에 따라 많은 여성들은 주류 교회에 그들을 위한 자리가 전혀 없다고 느낄 지경에 이르렀다. 그렇지만 다른 이들은 더 평등주의적이고 덜 위계적인 관계를 포용하는 방향으로 교회와 사회를 해방하고 이끌 수 있는 자원이 교회와 성서에 담겨 있다고 여전히 믿고 있다. 그들은 어떤 주장을 펴는가?

우선 미국 구약 학자 필리스 트리블(Phyllis Trible) 같은 논자들은 성서 속 여러 서사의 억압성을 일깨우기 위해 무던히 힘써왔다. 트리블은 저서 『공포의 텍스트Texts of Terror』에서 그런 성서 서사에서 여성을 다루는 공포스러운 방식을 드러낸다. 「판관기」 11장에서 입타는 다가오는 전투에서 승리하게 해주시면 자기 집에서 처음 나오는 사람을 번제물로 바치겠다고 하느님께 서원한다. 승리하고 돌아간 입타를 처음 맞은 사람이 그의 딸이었음에도 그는 서원을 어기지 않았다. 이것 말고도 이런 유의 서사가 훨씬 많이 있으며, 그중 일부는 마거릿 애트우드의 『시녀 이야기』를 검토하면서 살펴보았다.

성서를 활용해 가부장제의 대안을 찾고자 한다면 트리블의 저술과 같은 의식화(意識化) 작업이 필요할 것이다. 그렇다면 성서는 어떤 긍정적인 자원을 제공하는가? 이 물음에 접근하는 상보적이되 사뭇 다른 두 가지 방법을 고찰해보자. 미국에서 신약을 가르치는 학자 엘리자베스 쉬슬러-피오렌자(Elizabeth Schussler-Fiorenza)는 초기 그리스도교에서 예수로부터 유래한 평등주의 전통이 중요했음을 보여주고자 그 역사를 다시 썼다. 예수는 하느님 나라에 대해 설교하면서 구원이 다가오고 있다고 선포했다. 예수의 식사는 이 새로운 구원을 상징한다. "그것은 결혼식 피로연처럼 함께 먹는 식사이지 예수와 그의 언행을 특징짓는 '거룩한 사람'의 고행이 아니다. (…) 예수의 중심 비전은 하느님의 선택을 받은 선민들의 거룩함이 아니라 **모두의 온전함이다.**"(Schussler-Fiorenza 1983, pp. 119, 121) "남자들뿐 아니라 여자들까지, 바리사이파뿐 아니라 창녀들까지" 모두가 거기에 포함된다. 그러므로 예수의 비전은 가부장제에, 통일된 공동체를 갈라서 분파들끼리 척지게 하는 모든 시도에 반대한다. 쉬슬러-피오렌자가 꼽는 핵심 구절은 「갈라디아」 3장 28절이다. "유다인이나 그리스인이나 종이나 자유인이나 남자나 여자나 아무런 차별이 없습니다. 그리스도 예수 안에서 여러분은 모두 한몸을 이루었기 때문입니다." 예수의 비전에 더해 가부장적 가족관계를 폐기하고 '동등자들의 제자직(discipleship of equals)'을 중시하는 복음서 전승도 중요하다. 이 동등자들에 관해 예수는 이렇게 말한다. "하느님의 뜻을 행하는 사람이 곧 내 형제요, 자매요, 어머니이다."(「마르코」 3:35) 그러므로 모든 칭호와 위계적 서열은 폐기된다. "또 이 세상 누구를 보고도 아버지라 부르지 마라. 너희의 아버지는 하늘에 계신 아버지 한 분뿐이시다. 또 너희는 지도자라는 말도 듣지 마라. 너희의 지도자는 그리스도 한 분뿐이시다."(「마태오」 23:9~10)(Schussler-Fiorenza 1983, pp. 176-177) 게다가 이런 평등주의적 정신은 남자들과 더불어 여자들도 온전한 역할을 했던 초기 그리스도교의 전도에 반영되어 있다.

신약 자체가 분명하게 보여주듯이, 복음서의 그런 전승은 논쟁의 대상이었다. 그 전승에서 우리는 한 가지 경향성을 확인할 수 있다. 바로 초대 그리스도교 공동체에서 여성의 역할이 있었다는 증거, 그리고 2세대와 3세대로 넘어가면서 공동체가 점차 가부장제화되었다는 증거를 숨기려는 경향성이다. 예를 들어 복음서에는 핵심 사건에서 여성들이 중요한 역할을 했고, 예수가 십자가에 못박힐 때 여성들이 곁을 지켰고, 예수의 부활을 막달라 여자 마리아가 직접 목격했다는(「요한」2:11~18) 증거, 즉 '동등자들의 제자직'을 입증하는 분명한 증거가 담겨 있다. 그렇지만 「루가」에서는 예수의 부활을 목격한 이들 가운데 여성이 없다. 사도들만이 부활한 예수를 본다. 바울로는 「1고린토」 15:5~8에서 예수의 죽음과 부활을 목격한 믿을 만한 사람들을 두루 거론하는 반면에(여성을 명시적으로 언급하지는 않지만) 루가는 여성이 부활을 보았다는 서술을 전혀 내놓지 않는다. 오히려 예수가 베드로에게 나타났음을 강조한다. 쉬슬러-피오렌자는 베드로를 강조하는 이 서술이 "베드로와 마리아 막달레나 중에 부활의 첫 목격자로서 누가 자격이 있는지에 대한 초기 그리스도교의 논의라는 맥락에"(Schussler-Fiorenza 1993, p. 164) 놓여 있었던 것이 틀림없다고 믿는다.

쉬슬러-피오렌자는 『그녀를 기억하며In Memory of Her』에서 자신의 작업을 가리켜 "그리스도교 기원의 페미니즘적 · 신학적 재구성"이라고 말한다. 이것은 어느 정도는 신학 자체의 가부장제적 경향성 때문에, 어느 정도는 후대 교회의 역사서술 때문에 이제껏 가려져온 그리스도교 기원의 역사를 복원하려는 시도다. 이 재구성 작업은 예수와 초기 그리스도인들의 핵심 비전을 찾는다는 점에서는 신학적이고, "해방을 위해 억압에 맞선 여성들의 투쟁"(Schussler-Fiorenza 1983, p. 32) 경험에 의거하고 그로부터 추진력을 얻어 신약을 비판적으로 읽는다는 점에서는 페미니즘적이다. 쉬슬러-피오렌자는 신약을, 더 정확히 말하면 신약이 제시하는 교회상을 교회 생활의 영원한 이상형이 아니라 "변형될 가능성에 비판적으로 열려 있는"(p. 33) 원형(原形)으로 다룬다.

다른 페미니스트 저자들은 여성이 쓴 온갖 종류의 글과 더불어 성서와 그 이야기, 이미지, 은유 등을 교회 전통을 쇄신하는 데 필요한 상상적 자원으로 다룬다. 영국 가톨릭 신학자 메리 그레이(Mary Grey)는 『어두운 밤 너머Beyond the Dark Night』에서 일군의 이미지들을 활용하여, 장차 '어두운 밤'을 지나 출현할 새로운 형태의 교회를 상상한다. 그레이는 여정에 관한 장에서 "(하느님의 임재를 경험하는 가운데) 광야를 떠돌고 약속의 땅을 기대하는, 압제로부터의 탈출을 압축하는 상징"(Grey, p. 48)을 탐구한다. 그런 상징을 사용하는 "창조적 상상은 소외된 그리스도인 생활로부터 벗어나는 여정에서 핵심 수단이다". 한때 해방 신학에 너무도 중요한 영감의 원천이었던 「출애굽기」의 이미지들은 지난날 공산주의 국가에 속했으나 오늘날 자본주의 체제에서 새로운 생활방식으로 고통받는 사람들에게 더이상 정신적 동력을 제공하지 못한다. "사회주의적 유토피아의 비전은 사라졌고, 남은 것은 자본주의의 매혹적인 무기였다. 비전 없이 광야를 떠도는 생활은 그들의 상황을 상징적으로 압축해 보여준다."(Grey, p. 48) 그런 상황에서는 유랑의 이미지들이 그들을 더 강하게 끌어당길 수 있다. 메리 그레이의 주장은 교회로부터 탈출하자는 것이 아니라 '소외된 관계'로부터의 탈출을 상징하는 이미지들을 재조명하자는 것이다.

성찬식에서 신자의 큰 범주들을 소외시키는 성사(聖事) 생활은 소외된 성사 생활이 될 위험이 있다. (…) 이탈한 신자들을 비난하는 성(性)의 신학 (…) 인류의 상당수는 소외된 성이다. 순례자들을 권력을 빼앗긴 소극적인 사람들로 격하시키는 권력·사제직·권위에 대한 이해는 소외된 이해다.(Grey, p. 50)

그레이의 접근법은 성서의 이미지를 재맥락화한다. 달리 말해 교회와 공동체에서 신자들을 소외시키는 힘, 인간관계를 질식시키고 단절시키는 힘에 맞서 신자 전체를 포용하기 위해 성서의 이미지와 상징을 자유롭게 가져다 쓴다. 그레이는 규범 집합으로서의 성서에 호소하는 것이 아니라, 사람들의 인생 경험에 형태와 형식을 부여할 수 있는 이미지 자원으로서의 성서를 자유롭게 선별하여 사용한다.

정치적 권위로서의 성서

이 장에서는 성서의 정치적 쓰임새를 부득이 일부만 살펴보는 데 그쳤다. 나와 달리 공공정책의 다른 많은 쟁점들, 이를테면 복지, 노예제, 경제, 유전학, 의학 등을 성서와 관련하여 다룰 수도 있을 것이다. 거의 지난 2000년 내내 유럽에서 성서가 엄청난 위상과 권위를 누렸음을 감안하면 이는 별반 놀랄 일이 아니다. 성서처럼 이데올로기적 우군―또는 적군―이 될 잠재력이 있는 원천을 무시하는 정치가가 있다면, 도저히 정치가라고 할 수 없을 것이다.

간략하게 살펴보았음에도 성서를 이용해온 방식들이 확연히 상충한다는 것을 어렵지 않게 확인할 수 있었다. 루터를 비롯한 주류 종교개혁가들은 성서를 이용해 칼의 힘을 정당화하는 한편 세속 사회를 다스리는 법과 그리스도인들에게만 적용되는 산상설교의 가르침을 분명하게 구분하려 했다. 반대편 종교개혁가들은 예수의 가르침을 당대 국가의 여건에서 실천에 옮겨야 한다고 역설했다. 다시 말해 아주 일반적인 진술을 아주 구체적인 상황과 위험에 직면해 있는 특정한 공동체의 제도와 법률로 구현해야 한다는 현실적 난제에 예수의 가르침으로 대처하려 했다. 그렇지만 이 논쟁에서 양편은 성서 메시지의 본질을 두고 서로 의견을 얼마나 달리했든 간에, 성서가 교회와 사회에 조리 있고 일관된 메시지를 전하는 책이라는 데 동의했다. 우리가 살펴본 페미니스트 비평가들은 성서에 받아들일 수 없는 내용이 많다는 것, 그리고 진짜 투쟁은 새로운 교회와 새로운 사회를 위한 자원으로 쓰일 요소들을 성서에서 분별해내는 일이라는 것을 훨씬 뚜렷하게 의식하고 있다. 그 분별 과정은 궁극적으로 여성들의 투쟁 경험에 따라 좌우될 것이다. 그렇지만 새로운 교회와 사회를 만들어내는 데 보탬이 되는 자원과 그렇지 않은 자원을 구별하는 상이한 전략들을 고안할 수도 있다. 어떤 이들은 역사적 비평 전략을 구사하여 성서 전승 가운데 후대의 이데올로기적 편향때문에 거의 주목받지 않은 요소들을 골라낼 수 있을 것이다. 또 어떤 이들은 성서 속 이미지와 상징을 재맥락화하는 전략에 의지하여 성서 전승을 토대로 새로운 삶과 공동체를 상상할 수 있을 것이다. 제3장의 논의를 상기하면 여기서 정경의 두 가지 개념이 작동하고 있음을 알 수 있다. 첫째 개념에 따르면 정경은 이번에도 규범적 텍스트다. 다만 정경에서 진정으로 구속력이 있는 요소들을 역사적 분별 전략으로 먼저 가려내야 한다. 둘째 개념에 따르면 성서의 권위는 무엇보다도 형성적 권위다. 성서는 인간을 노예로 만들 수도 해방할 수도 있는 수단과 이미지를 제공한다. 둘째 개념의 정경을 대할 때에도 분별력은 필요하다. 다만 역사적 분별력보다는 실천적 분별력이 필요하다.

제 9 장

결론

성서와 그 쓰임새를 간략하게 개괄하는 이 책이 성서를 읽
고 전유해온 다채로운 방식을 얼마간 보여주었기를 바란다.
성서는 사상, 문학, 예술의 위대한 기념비에 영감을 주었는가
하면 도를 넘어선 최악의 만행, 이기심, 편협성을 부채질하기
도 했다. 성서는 위대한 봉사와 용기 있는 행동, 인류의 해방
과 발전을 위한 싸움에 나서도록 남성과 여성을 고무했다.
동시에 성서는 사람들을 노예로 만들고 비참한 가난으로 몰
아넣은 사회에 그런 행위를 부추기는 이데올로기를 제공하기
도 했다. 최근에 아프리카와 아시아에서 그리스도교가 두드
러지게 성장한 사례를 비롯해 그리스도교가 부흥한 사례들의
근저에는 성서가 있었다. 무엇보다도 성서가 종교적·도덕적

규범의 원천을 제공한 덕분에 공동체들은 서로 결속하고 돌보고 보호할 수 있었다. 그러나 바로 이 강한 소속감이 종족적·인종적·국제적 긴장과 분쟁을 초래하기도 했다.

요컨대 성서는 위대한 진실, 선, 아름다움의 원천인 동시에 거짓, 악, 추함의 원인이었다. 성서가 산출하지 않은 것은 성서를 읽고 해석하는 획일적인 방법이었다. 그 이유는 간단하다. 텍스트는 그것을 읽는 방법을 통제할 도리가 없기 때문이다. 로버트 모건(Robert Morgan)은 이렇게 썼다. "텍스트는 망자와 마찬가지로 권리가 없다."(Morgan, p. 7) 독법을 내놓는 쪽은 독자들 또는 독자 공동체들이다. 그리고 독법의 다양성은 독자 공동체의 다양성에 비례한다.

그렇지만 그런 다양성의 원인으로 독자들의 다양성만을 꼽아서는 안 된다. 성서에 담긴 풍요로운 자료, 성서를 구성하는 책들이 기록된 복잡한 과정, 성서의 풍부한 은유와 시, 서사, 그리고 성서를 둘러싼 담론을 고려하면, 이 책 모음이 논란의 여지가 없는 방법으로 읽히리라고는 도저히 기대할 수 없다. 언제나 어디서나 성서의 많은 독자들에게는 충분한 선택지가 있었고, 성서의 각기 다른 측면을 강조할 기회가 있었다.

물론 이런 성서 자료의 다양성은 종교 공동체의 지도자들에게 근심의 원천이었다. 그들은 공동체의 신성한 글을 종교적·도덕적 규범과 계시된 진리의 원천으로 여겼다. 정경화 과정, 즉 권위가 있다고 인정받는 책들의 목록을 합의해서 확정하고 그렇지 않은 책들을 배제하는 과정 자체가 공동체 내부에서 믿음의 다양성과 탈선을 제한하려는 시도의 일환이었다. 그리스도교 안에서 두번째 정경인 신약을 집필한 것은 성서를 읽는 방법을 더욱 제한하려던 시도, 즉 신약의 렌즈를 통해 구약을 읽게 하려던 시도였다. 그렇지만 신약은 구약의 의미를 제한하는 동시에 거꾸로 구약에 의해 그 의미가 제한되었다.

더욱이 일단 정경의 경계가 정해지고 나면, 정경에 속한 책들은 적어도 그것들을 정경으로 받아들이는 공동체 안에서는 결코 종전과 같은 방식으로 읽힐 수 없다. 이제 권위 있는 경전의 일부가 되었기 때문이다. 그 책들은 신의 말씀이라고 선언되고, 그러고 나면 용인될 수 있는 관점의 다양성에 제약이 걸린다. 어떤 텍스트가 정경이 되면 신자들의 기대치가 급등한다. 독자들은 '자비의 원칙(principle of charity)'에 따라 그 텍스트를 읽어야 한다. 즉 말이 되도록 읽어야 할 뿐 아니라(설령 일부 대목이 모호하거나 이해 불능처럼 보일지라도), 외견상 모순이나 실제 모순을 해명하고 정경을 공인하는 권위자들의 가르침을 반박하는 것처럼 보이는 구절의 의미를 고쳐서 읽어야 한다.

그러나 사실 신성한 글을 정경화하는 것은 종교적 탈선을 막기에는 너무 허술한 방법이다. 동일한 정경을 인정하는 신교 교회들의 엄청난 다양성이 그 증거가 되고도 남는다. 어떤 공동체 내에서 성서 해석의 정합성을 어느 정도 유지하고 그리하여 공동체의 안정성을 어느 정도 유지하려면 정경화 이상의 전략이 필요할 것이다. 이 목표는 여러 방법으로 달성할 수 있을 것이다. 우선 신성한 책에 대한 접근을 제한하는 방법이 있다. 해석의 균일성과 연속성을 지킬 수 있는 숙련과 자격을 갖춘 독자에게만 접근을 허락하는 것이다. 유대교에서 그 역할은 랍비들의 몫이다. 그리스도교에서는 주교를 비롯한 교회 지도자들의 권위 아래 활동하는 성직자들이 그 역할을 맡는다.

이 해석자들의 과제는 한편으로는 해석의 규칙을 정하고, 다른 한편으로는 텍스트의 뜻을 파악하여 그 자체로도 정합적이고 공동체의 규범과도 모순 없이 정합하는 독법을 제시하는 것이다. 성서처럼 각양각색 텍스트를 모아놓은 경전이 수반하는 과제는, 액면 그대로 보면 공동체의 핵심 교리와 명백히 충돌하는 구절들을 수용하기 위한 전략을 고안하는 작업으로 그치지 않을 것이다. 그에 더해 텍스트의 경중을 가리는—특정한 텍스트를 중시하고 다른 텍스트를 상대적으로 경시하는—과제도 수반할 것이다. 그리고 무엇보다도 문자 그대로 보면 독자를 선도(善導)하지 않거나 공동체의 신앙 규칙과 상충하는 텍스트에 의미를 부여할 수 있도록 알레고리를 비롯한 기법을 고안해내는 과제 역시 수반할 것이다. 성서 해석의 역사에는 해석자의 기교와 상상력을 보여주는 사례가 수두룩하다.

요컨대 해석의 규칙과 관습에는 통제선을 넘지 않는 한에서 독법의 다양성이 들어설 여지가 있다. 해석자들은 독자들의 경험과 텍스트를 연관짓기도 하고, 앞에서 살펴본 대로 텍스트를 다시 말하는 가운데 그 경험의 영향을 받기도 한다. 성서에는 논의와 논쟁, 실제 분열로 이어질 가능성이 내재한다. 중세 교회는 신학적·정치적 통제의 고삐를 조이는 방안과 신학·삶의 형식·교단의 다양성을 허용하는 방안을 혼합하여 해석의 다양성을 억제했다. 또한 유대교도, 카타리파, 후스파처럼 바른 길에서 탈선한 자들을 무자비하게 억압하거나 주변화하는 방안에도 의존했다. 그렇지만 중세 교회도 분명 탈선자들을 배출했으며, 그중에는 장차 교회의 통일성을 파괴할 아우구스티누스회 수사 마르틴 루터가 있었다.

교회의 성직제와 은총을 나누어주는 성직자의 독점권을 겨냥한 루터의 공격은 어디까지나 교회 내부로부터의 공격이었다. 루터는 이신득의(以信得義: 믿음을 통해 신과 올바른 관계를 맺는다)를 말하는 바울로의 서한에 대한 자신의 해석에 근거하여 공격에 나섰다. 루터의 해석은 바울로 서한을 철저히 문법에 맞게 읽는 방법에 의존했는데, 이는 중세 후기 교회의 기존 종규(宗規)와 해석 관습에 따르면 전혀 문제될 것이 없는 독법이었다. 루터 본인이 공인된 성서 교사였다. 평범한 상황이었다면 그런 변칙 행위도 교회 내부에서 처리할 수 있었을 것이다. 그러나 여러 요인이 작용한 결과 루터의 공격은 치명타가 되었다. 특히 인쇄기가 발명된 덕에 루터는 자기 견해를 멀리까지 빠르게 퍼뜨릴 수 있었다. 그와 동시에 루터와 다른 이들이 토착어로 옮긴 성서 번역본들은 그때까지 대체로 성직자의 전유물이었던 텍스트에 접근할 길을 뭇사람에게 제공했다. 성직자의 독점권이 깨진 것이다. 이제 모든 남녀가 성서 해석자가 될 수 있었다.

뒤이어 새로운 성서 독법, 새로운 종교적 신심과 생활방식이 폭발적으로 증가한 사태를 지칭하기에 개혁은 충분한 표현이 아니다. 종교개혁가들은 그 사태를 그들 자신의 관점에서 보았을 것이다. 다시 말해 성서를 있는 그대로, 문자 그대로 읽는 사람들에게 계시된 참된 교회로 되돌아가는 변화로 여겼을 것이다. 그러나 실제로 벌어진 사태는 판도라의 상자를 연 쪽에 훨씬 가까웠다. 빠져나온 바람을 도로 집어넣을 길은 없었다. 기존의 성서 독법들은 온갖 새로운 독법들 옆에서 계속 제 자리를 지켰다. 유럽 도처에서 새로운 종교 공동체들이 우후죽순 생겨나 전 세계로 퍼져나갔다. 엄청난 쇄신과 활력의 시대였고, 그 에너지는 맹렬한 분쟁과 맞대응을 야기했다. 16세기 전반기에 잇따른 종교 전쟁의 불길은 유럽 인구 거의 3분의 1의 목숨을 앗아갔다. 그런 일대 분쟁이 일어났음에도 성서는 계속해서 공동체들에 삶의 기반을 제공해왔고, 앞서 살펴본 대로 세계 전역의 공동체들에 뿌리를 내려왔다. 개중에는 성서의 이름으로 자행된 학대를 겪은 공동체들까지 있다. 성서 독법의 다양성은 앞으로도 존속할 것으로 보인다.

물론 이런 추이를 뒤집을 수 있다고 믿는 사람들이 여전히 있다. 성서를 제대로 해석하는 데 필요한 열쇠를 자기 공동체가 쥐고 있다고 믿는 사람들이 있다. 그 열쇠는 결코 틀리지 않는 교도권일 수도 있고, 텍스트를 읽는 참된 방법을 검증하는 신학적 규칙이나 고백일 수도 있고, 텍스트의 단일한 본래 의미를 알려줄 수 있는 역사적 방법일 수도 있다.

신학적 열쇠의 문제는 그것이 너무 구체적이고 특정 공동체와 너무 긴밀히 얽혀 있는 탓에 공동체들 간의 불화를 해소하는 데에는 별반 쓸모가 없다는 것이다. 또는 반대로 너무 일반적이고 포괄적인 탓에 구체적인 차이를 다루지 못한다는 것이다. 예를 들어 특정 교회가 종교개혁기의 신앙고백들 중 하나를 '신앙의 종속적 표준'(최고의 표준은 성서이므로 그에 종속되는 표준이라는 뜻)으로 지지한다면 올바른 성서 해석을 둘러싼 내분을 해소할 수 있을 것이다. 그렇지만 다름 아닌 다양

> 모든 사람이 성서 해석자가 될 수 있다는 신교의 원칙(공의회에
> 서 확정하는 교회의 전통이야말로 성서의 참된 해석자라는 가톨
> 릭교의 견해와 반대되는)을 16세기 가톨릭 학자는 다음처럼 비
> 웃으며 비판했다.
>
> "이 성서 엄수주의자는 단 한 명이다. 공의회의 신부들은 몇
> 명이고 될 수 있다. 이 성서 엄수주의자는 양이고 (…) 공의회
> 의 신부들은 목자요 주교다. 이 성서 엄수주의자는 홀로 기도
> 한다. 공의회의 신부들은 공의회에 참석한 모두를 위해, 실은
> 그리스도교 세계 전체를 위해 기도한다. (…) 이 성서 엄수주
> 의자는 못 배운 여자일 것이다. 그들은 (…) 그리스도교 세계
> 에서 가장 박식한 남자들이다."
>
> 발레리아누스 마그누스(Valerianus Magnus),
> 『비가톨릭교도들의 믿음의 규칙에 대한 평가De acatholicorum
> credendi regular indicium』 in Scholder, p. 18

한 신앙고백들 간의 차이가 문제가 되는 교파들 간의 차이는
해소하지 못할 것이다. 다른 한편으로 가령 누군가 훨씬 일반
적인 해석 원칙, 이를테면 모든 해석은 넓게 보아 삼위일체설
에서 벗어나지 않아야 한다는 원칙을 제시한다면, 이는 그리
스도교 내부에서 해석들 간의 차이를 조정하는 비교적 약한
규칙으로 기능하는 데 그칠 것이다. 물론 그리스도교에 국한
된 원칙이라서 종교 간 의견 차이를 해소하는 데에는 쓸모가
없을 것이다.

이런 접근법의 대안은 문화적 태도와 무관하게 누구나 호소할 수 있는, 겉보기에 중립적인 해석 방법을 찾아내는 것이다. 많은 이들은 역사적 비평 방법을 가장 유망한 후보로 꼽아왔다. 이것은 「로마서」의 한 구절의 의미를 둘러싼 논쟁을 해소하고자 루터가 "그 사도(바울로)께서 무엇을 원하셨는지" 물었던 것처럼, 저자가 의도한 본래 의미를 찾아서 다른 논쟁도 해소하려는 접근법이다. 여기에는 몇 가지 문제가 있다. 첫째, 저자의 의도를 밝힌다고 해서 논쟁이 풀릴지 의문이다. 저자들의 의도가 그토록 명확한가? T. S. 엘리엇(Eliot)은 그의 시에 대한 해석과 그의 의도가 일치하느냐는 물음에 이렇게 답했다. "내가 의도한 것은 내가 쓴 것입니다." 더 골치 아픈 둘째 문제는 역사가들이 불가피하게 그들 자신의 관점에 영향을 받는다는 것이다. 어느 정도는 일군의 지식과 문화적 신념, 관점을 포함하는 특정한 독법 전통에 그들이 속해 있기 때문이고, 어느 정도는 더 넓은 문화적 맥락에서 형성된 그들 자신의 취향, 선호, 편견 때문이다. 이 모든 것은 역사가들의 판단에 작용할 테고, 그 결과 그들은 불가피하게 복수의 독법을 내놓을 것이다. (저명한 학자들이 내놓은) 역사적 독법의 다양성에 눈감는 역사가만이 이 진실을 알아차리지 못할 것이다. 그렇다고 해서 역사적 논증에 호소하는 방법이 조금도 쓸모가 없다는 뜻은 아니다. 역사적 탐구를 통해 텍스트의 의미를 전혀 밝힐 수 없다는 뜻도 아니다. 다만 우리가 역사적 논증에 의지하여 숱한 논쟁을 해소할 가망은 거의 없다는 것이다.

따라서 성서 독자들은 상이한 의미들을 낳을 커다란 잠재력이 성서에 내재한다는 사실과 더불어 살아갈 수밖에 없을 것이다. 어쩌면 그들은 이 사실을 단순히 성서의 문제로 여기는 것이 아니라 성서가 지닌 힘의 일부로 여기게 될지도 모른다. 이런 인식은 심각한 결과를 불러온다. 무엇보다 공동체에서 성서의 규범적 기능이 현저히 약화된다. 공동체에서 성서를 본질적으로 여러 의미를 낳을 수 있는 책으로 인식한다면, 행동 수칙으로서, 또는 신앙의 규칙으로서 성서의 쓰임새는 제한될 것이다. 그런데 실상 성서는 항상 그런 책으로 인식되지 않았던가? 유대교도들은 관습과 믿음의 문제를 판결할 때 앞으로도 탈무드에 호소할 것이다. 그리스도교도들은 문제를 규제하기 위해 신앙의 규칙이나 공의회에서 정한 정경에 호소해왔다. 이런 사실들은 나폴레옹 법전처럼 기능하기엔 성서의 내용이 너무 풍부하거나 너무 다양하거나 너무 모호하다는 것, 종교 공동체들이 이 점을 줄곧 인식해왔다는 것을 분명하게 보여준다.

다른 한편으로, 상이한 의미들을 낳는 성서의 잠재력을 인식한다고 해서 성서의 형성적 기능까지 약화되는 것은 아니다. 나의 논증은 다종다양한 공동체들의 형성에 성서가 얼마나 강한 영향을 끼쳐왔는지 보여주는 데 중점을 두었다. 성서의 그런 힘에 위험한 측면이 없는 것은 아니다. 그 힘은 종교개혁가, 해방 운동가, 정치가, 평화 중재자를 낳은 것 못지않게 매우 억압적인 정착민 공동체도 낳았다.

따라서 우리는 성서를 더 비판적으로 읽는 법을 배워야 한다. 우리는 성서 텍스트에 담겨 있는 상이한 목소리들에 더 귀를 기울여야 한다. 또한 우리는 성서를 이용할 수 있는 상이한 방식들을 의식해야 하고 나아가 그것들을 구별하는 법을 배워야 한다.

이런 과제를 수행할 때 우리가 고찰한 다양한 접근법들 모두가 제 역할을 한다. 종교사가는 성서 텍스트의 상이한 경향들을 분별하여 성서의 복잡성을 한층 분명하게 의식하도록 도울 수 있다. 쉬슬러-피오렌자가 분석한 「루가」의 가부장적 경향은 성서에서, 나아가 후대의 성서 독법에서 특정한 전승이 주변화된 방식을 환기시킨다. 그리하여 그냥 지나칠 수도 있었을 목소리들을 듣게 해준다. 이와 비슷하게, 광야 모티프를 활용하여 새로운 교회를 상상하는 메리 그레이의 방법은 교회의 가부장제로부터 벗어나고 더 통합적이고 인도적인 공동체 생활을 발견하도록 사람들을 고무할 수 있다.

독자들은 그들이 속한 공동체의 종규와 해석 관습을 따르기도 할 것이다. 그리스도교 공동체의 성원들은 그리스도교 정경의 형태(들)에 깊은 영향을 받을 것이다. 앞서 '나봇의 포도밭' 이야기를 해석한 데즈먼드 투투의 사례를 통해 확인했듯이, 구약과 신약을 둘러싼 배경은 성서 텍스트를 읽는 방법에 강력한 영향을 끼치는 신학적 얼개를 만들어낸다.

그렇다 해도 독자들은 결국 서로 다른 해석들 사이에서 스스로 판단을 내려야 한다. 그때 그들은 어느 정도는 그들 자신의 도덕적 자원에 의존할 수밖에 없을 것이다. 그러나 그것은 단순히 개개인이 성서 텍스트를 이러니저러니 판정하는 문제가 아니다. 읽기 과정은 더 복잡하다. 우선 성서를 홀로 읽는 사람은 드물다. 독자들은 성서 텍스트의 영향을 받으며 형성된 공동체에 속해 있고, 그 공동체는 다시 그들에게 도덕의식을 가르친다.

이런 이유로 생각이 깊은 독자는 공동체에서 물려받은 도덕의식을 성서 텍스트에 견주어, 그리고 앞서 살펴본 많은 사람들처럼 자신의 경험에 견주어 시종 검증한다. 이 과정은 이어질까 중단될까? 수렁에 빠진 듯한 전승을 구해줄 다른 의미의 성서 독법, 말라죽고 있거나 더 나쁘게는 억압과 자기기만으로 치닫고 있는 전승을 쇄신할 수 있는 어떤 독법이 혹시 있을까?

그 과정에서 독자들은 물려받은 가치관에만 의존하는 것이 아니다. 성서에 담긴 상이한 목소리들, 성서를 읽고 해석하는 상이한 방식들을 분별하는 법을 배워감에 따라 그들의 도덕적·종교적 상상과 판단은 견실해지고 날카로워진다. 그런 분별 있고 세심한 독법이 생겨난 곳에서는 공동 전승이 양분을 공급받아 계속 살아남을 것이다. 그런 독법이 없거나 주변화된 곳에서는 공동 전승이 시들어 죽을 것이다. 그러나 후자의 경우라 해도 유산을 전부 상실하지는 않을 것이다. 이따금 성서의 이념과 이미지에 깊게 뿌리박은 도덕적·예언자적 인물이 등장하여 물려받은 전승을 쇄신하거나 직접 새로운 공동체를 창설할 것이다.

우리가 별반 주목하지 않은 성서의 두드러진 특징 중 하나는 나이다. 성서의 가장 이른 자료는 약 3000살이다. 대다수 자료는 2000살을 먹었고, 신약은 조금 더 젊을 뿐이다. 그토록 오래된 텍스트가 시간상 아주 멀리 떨어진 사람들에게 이야기를 건넬 수 있겠느냐는 의문이 간혹 제기된다. 물론 성서의 의미가 최초의 청자들에게 전달했던(그리고 전달하려 의도했던) 의미로 국한된다면, 오늘날과 같은 시대에 과연 성서에 미래가 있겠는가 하는 의구심이 당연히 생길 것이다. 그러나 성서의 역사는 성서 속 이야기, 이미지, 은유, 도덕적·종교적 개념이 엄청나게 다양한 집단의 경험과 이해를 형성해왔고 지금도 계속 형성하고 있음을 입증한다. 아프리카와 아시아의 근래 역사는 이 힘이 약해지고 있지 않음을 보여준다. 필요한

것은 성서의 어두운 면을 경계하면서도 우리에게 활력을 주
는 잠재력을 의식하는, 분별력을 갖춘 독자들이다.

참고문헌과 독서안내

제1장

Daniel Boyarin, *A Radical Jew: Paul and the Politics of Identity* (University of California Press, Berkeley 1994); Malise Ruthven, *The Divine Supermarket: Shopping for God in America* (Vintage, London 1991).

제2장

성서를 구성하는 책들의 형성사를 잘 소개하는 글들은 신판 *Anchor Bible Dictionary* (Doubleday, New York 1992)에 실려 있다. 제6권 605~22쪽에 수록된 Richard Friedman의 토라(모세오경)에 관한 글은 특히 유익하다. 공관복음서를 잘 소개하는 책으로는 Graham Stanton, *The Gospels and Jesus* (Oxford University Press, Oxford 1989) 또는 E. P. Sanders and Margaret Davies, *Studying of the Synoptic Gospels* (SCM Press, London 1989) 참조. 바울로와 그의 서한에 관한 개론은 E. P. Sanders, *Paul* (Oxford University Press, Oxford 1991) 참조.

제3장

Anchor Bible Dictionary vol. 1, pp. 837–61에 실린 James A. Sanders 와 Harry Y. Gamble의 '정경'에 관한 글은 매우 유익하다. John Barton은 정경의 기원과 그 권위의 본질을 연구했다. 특히 그의

People of the Book?: The Authority of the Bible in Christianity (SPCK, London 1988); *Making the Christian Bible* (Darton, Longman and Todd, London 1997); *The Spirit and the Letter: Studies in the Biblical Canon* (SPCK, London 1997) 참조. 또한 James A. Sanders, *From Sacred Story to Sacret Text* (Fortress Press, Philadelphia, 1987); Hans von Campenhausen, *The Formation of the Christian Bible* (Fortress Press, Philadelphia, 1972)도 참조. Moshe Halberthal, *People of the Book: Canon, Meaning, and Authority* (Harvard University Press, Cambridge MA 1997)는 정경 권위의 여러 종류와 정경화 과정이 성서 독해에 끼친 영향에 관한 흥미로운 논의를 제공한다.

제4장

「희년서」텍스트는 J. Charlesworth (ed.), *The Old Testament Pseudepigrapha* (Darton, Longman and Todd, London 1985), vol. 2, pp. 35-142에 있다. 필론의 『아브라함에 대하여』는 Loeb Classical Library Philo vol. 6 (Harvard University Press, Cambridge MA 1984), pp. 2-135에 있다. Shalom Spiegel, *The Last Trial: On the Legends and Lore of the Command to Abraham to offer Isaac as a Sacrifice: The Akedah* (Jerish Lights Publishing, Woodstock VT 1993)는 유대교의 아케다 이야기 다시 말하기에 관한 풍성한 논의와 랍비 에프라임 벤 야코프의 시 전문을 제공한다. 쇠렌 키르케고르의 논의는 *Fear and Trembling* (ed. and trans. H. V. and E. H. Hong, Princeton University

Press, Princeton NJ 1983)에 실려 있다. 유다 골딘의 인용문은 Shalom Spiegel, *The Last Trial*의 서론에 실려 있다.

제5장

성서 비평의 등장에 관한 가장 탁월한 논의는 Klaus Scholder, *The Birth of Modern Critical Theology: Origins and Problems of Biblical Criticism in the Seventeenth Century* (SCM Press, London 1990)에서 찾아볼 수 있다. John Dillenberger, *Martin Luther: Selections from his Writings* (Doubleday, New York 1961)는 유용한 선집이다. 「로마인들에게 보낸 편지」 1장 17절에 대한 루터의 논의는 1545년 작 *The Preface to the Latin Writings*에 있다. Leslie Stephen, *History of English Thought in the Eighteenth Century* (Rupert Hart-Davis, London 1962), 2 vols는 영국 이신론에 관한 고전적 논의다. *Reimarus: Fragments* (ed. C. H. Talbert)는 레싱이 출간한 라이마루스의 변론 중 일부의 번역만을 제공한다. Henry Chadwick (ed.), *Lessing's Theological Writings: Selections in Translation* (A&C Black, London 1956)은 레싱의 중요한 텍스트들 중 일부를 제공한다. Albert Schweitzer, *The Quest for the Historical Jesus: A Critical Study of its Progress from Reimarus to Wrede* (A&C Black, London 1910, 2nd edn. 1936)는 이 신학자, 음악학자, 오르간 연주자, 선교 의사, 종교철학자의 저작 가운데 가장 오랫동안 읽히는 책이다.

제6장

식민 시대에 성서를 사용한 방식을 탁월하게 안내하는 책은 Michael Prior, CM, *The Bible and Colonialism: A Moral Critique* (Sheffield Academic Press, Scheffield 1997)다. 내가 Prior의 책을 통해 인용한 저작들의 출처는 다음과 같다. Pablo Richard, '1492: The Violence of God and the Future of Christianity', in Leonardo boff and Virgil Elizondo (eds), *1492-1992: The Voice of the Victims, Concilium*, 1990, p. 6 (SCM Press, London 1990), pp. 59-67; Maximiliano Salinas 'The Voices of those who Speak up for the Victims' *Concilium*, 1990 (SCM Press, London 1990), pp. 101-9. Gustavo Guitierrez, *A Theology of Liberation* (SCM Press, London 1971)은 해방신학의 고전 중 하나다. 같은 저자의 나중 저작 *The God of Life* (SCM Press, London 1991)는 성서 묵상의 형식을 띠고 있다. G. Pixley, *On Exodus: A Liberation Perspective* (Orbis, Maryknoll NY 1983)는 Norman Gottwald, *The Tribes of Yahweh: A Sociology of Religion of Liberated Israel, 1250-1050 BCE* (SCM Press, London 1979)의 논의를 이어간다. Desmond Tutu, *Hope and Suffering* (Collins, London 1984)은 아파르트헤이트 시대에 투투가 행한 설교와 연설을 모은 책이다. Musa W. Dube, 'Readings of Semoya: Botswana Women's Interpretation of Matt. 15:21-8' in Gerald West and Musa W. Dube (eds) *"Reading With": An Exploration of the Interface between Critical and Ordinary Readings of the Bible: African Overtures, Semeia 73* (Scholars Press, Atlanta GA 1996)는 아프리카인들의 성서 독법을 탐구하는 에세이집의 일부다.

제7장

Northrop Frye, *The Great Code: The Bible and Literature* (Harcourt Brace Jovanovich, New York 1981)는 성서가 유럽 문학에 끼친 영향에 관한 연구의 토대를 놓은 저작들 중 하나다. 바흐의 음악에 대한 개론은 Malcome Boyd, *Bach* (Oxford University Press, Oxford 1990) 참조. 오언의 시는 C. Day Lewis (ed.) *The Collected Poems of Wilfred Owen* (Chatto & Windus, London 1977)에서 가장 쉽게 찾을 수 있다. Mieke Bal, *Reading 'Rembrandt': Beyond the World-Image Opposition* (Cambridge University Press, Cambridge 1992)은 성서 해석자로서의 렘브란트에 관해 흥미롭게 서술한다. Margaret Atwood, *The Handmaid's Tale* (Virago Press, London 1987)은 David Jasper and Stephen Prickett (eds) *The Bible and Literature: A Reader* (Blackwell, Oxford 1999)에서 논의된다.

제8장

루터의 글은 John Dillenberger, *Martin Luther: Selections from his Writings* (Doubleday, New York 1961)에서 인용했다. Ulrich Lux,

'Die Bergpredigt im Spiegel ihrer Wirkungsgeschichte' in Jurgen Moltmann (ed.) *Nachfolge und Bergpredigt* (Kaiser Verlag, Munich 1981), pp. 31-72. Daniel J. Boorstin, *The Americans: The Colonial Experience* (Vintage Books, New York 1958), pp. 33-69는 펜실베이니아 지역 퀘이커교의 역사를 비판적 관점에서 조명한다. 퀘이커교의 고전 텍스트는 Rufus M. Jones (ed.) *The Journal of George Fox* (Friends United Press, Richmond IN 1976)에서 찾아볼 수 있다. Elisabeth Schussler-Fiorenza, *In Memory of Her: A Feminist Theological Reconstruction of Christian Origins* (Crossroad, New York 1983)는 신약의 역사를 연구하여 그동안 간과되어온 한층 해방적인 가닥들을 드러낸다. 교회에 대한 이해에서 이 작업이 중요한 이유는 같은 저자의 *Discipleship of Equals: A Critical Feminist Ekklesialogy of Liberation* (SCM Press, London 1993)에서 제시된다. Mary Grey, *Beyond the Dark Night: A Way Forward for the Church* (Cassell, London 1997)는 오늘날 가톨릭교회의 딜레마에서 벗어날 방도를 모색한다.

제9장

Robert Morgan and John Barton, *Biblical Interpretation* (Oxford University Press, Oxford 1988).

역자 후기

성서는 묘한 책이다. 우선 단일 저자가 몇 년 만에 쓴 책이 아니다. 성서는 기원전 11/10세기부터 기원후 2세기까지 장장 1000년이 넘는 세월 동안 정확히 몇 명인지 모를 여러 저자들이 띄엄띄엄 썼다. 게다가 성서는 처음부터 글말로 적혔던 것이 아니다. 성서의 시대는 구술성에서 문자성으로의 전환이 이루어진 시대이기도 하다. 성서의 초기 텍스트들은 본래 입말 형식으로 수백 년간 전승되다가 알파벳 체계가 확립되고 나서야 점차 글말로 기록되었다. 성서의 텍스트들은 입말 전통에 깊게 뿌리박고 있다. 그런 까닭에 성서는 글말 작품인 동시에 종교 공동체들의 구전을 반영하는 공동 편찬물이며, 성서의 저자들은 지은이인 것 못지않게 엮은이다.

이렇듯 유대교와 그리스도교의 성서는 이슬람교의 꾸란과 달리 한 명의 예언자가 자신에게 계시된 신의 말씀을 빠짐없이 기록한 경전이 아니다. 성서를 이루는 책들이 본래부터 신성한 텍스트로 인정받았던 것도 아니다. 어떤 텍스트를 권위 있는 경전으로 인정하여 정경에 넣고 또 어떤 텍스트를 정경에서 빼느냐는 문제는 성서의 역사 초기부터 첨예한 쟁점이었다. 이 쟁점은 단일한 정경으로 해소되지 않았다. 특정 종교 공동체의 경전들을 모으고 확정하는 정경화 과정은 곧 교파를 형성하고 경계를 짓는 과정이었다. 그 결과 정경화 과정은 유대교와 그리스도교 종교 공동체들의 다양성을 낳았다.

정경화 과정에서 기인하는 이 다양성을 살펴보는 것이 이 책의 한 가지 큰 목표다. 저자의 말처럼 "어떤 텍스트를 정전으로 공인하는 것은 곧 공동체의 삶을 규제하는 규범이 그 텍스트에 담겨 있다고(또는 그 텍스트에서 생겨난다고) 선언하는 것이기도 하다. 그런 텍스트는 공동체에서 결정을 내리고, 분쟁을 조정하고, 믿음과 실천의 문제를 판정할 방도를 제공한다". 다시 말해 규범적 기능을 한다. 또한 정경은 "경험을 논하고 이해하게 해주는 공통의 언어와 사유", "이 세계와 적절한 행동방식에 대한 기본적인 믿음"을 제공함으로써 공동체를 형성하는 기능도 한다.

정경화 과정은 종교 공동체들의 다양성을 낳았지만, 특정 공동체 내부에서는 믿음의 다양성과 종교적 탈선을 제한하려는 시도의 일환이었다. 각 공동체는 정경을 읽는 규칙을 정하고 정통 독법을 내놓아 해석의 다양성을 억제하려 했다. 그러나 성서 독법을 획일화할 방도, 해석의 다양성이 들어설 여지를 없앨 방도는 없었다. 독자들은 특정 구절을 다른 구절보다 중시하고, 대수롭지 않아 보이는 구절에서 의미심장한 해석을 끄집어내고, 기존의 정설에 의문을 제기하는 등 갈피를 잡지 못할 만큼 다채로운 방식으로 성서를 읽어왔다. 그런 독법의 다양성을 살펴보는 것이 이 책의 다른 큰 목표다.

저자는 한편으로 성서 독법의 다양성은 독자 공동체의 다양성에서 생겨나지만, 다른 한편으로 성서 자체에 해석의 다양성을 유도하는 풍요로움과 모호함이 내재한다고 말한다. 성서는 "본질적으로 여러 의미를 낳을 수 있는 책"이다. 다양한 의미를 낳는 성서의 잠재력은 나쁘게 보면 종교적 탈선의 원천이지만 좋게 보면 케케묵은 텍스트를 쇄신할 수 있는 원천이다. 이처럼 어느 시대에 읽더라도 새로운 의미와 해석, 나아가 비전과 지혜를 길어올릴 수 있다는 점에서 성서는 하나의 고전이다. 이 책 제1장의 제목 '근대 세계의 성서: 고전인가 신성한 텍스트인가'에 대한 저자의 답은 둘 다라는 것이다. 성서 이해를 돕는 책은 무수히 많지만, 경전인 동시에 고전인 성서의 양면성을 이 책만큼 잘 보여주는 안내서는 드물 것이다.

독서안내

성서 참고서로는 존 보커의 『사진과 그림으로 보는 성서』(이종인 옮김, 시공사)가 유익하다. 존 보커는 『신』(이재만 옮김, 교유서가)의 저자이기도 하다. 저자가 권하는 E. P. 샌더스의 저서는 『공관복음서 연구』(이광훈 옮김, 대한기독교서회)와 『사도 바오로』(전경훈 옮김, 뿌리와이파리)가 번역되어 있다. 성서의 형성을 다룬 책으로는 윌리엄 슈니더윈드의 『성경은 어떻게 책이 되었을까』(박정연 옮김, 에코리브르)와 제임스 A. 샌더스의 『토라와 정경』(박원일 옮김, 한국기독교연구소)이 있다. 본문에서 인용하는 쇠렌 키르케고르의 책은 『공포와 전율』(임춘갑 옮김, 치우)이다. 해방신학을 다룬 책으로는 저자가 고전으로 꼽는 구스타보 구띠에레즈의 『해방신학』(성염 옮김, 분도출판사)과 성정모의 『시장, 종교, 욕망』(홍인식 옮김, 서해문집)이 있다. 데즈먼드 투투의 책은 『용서 없이 미래 없다』(홍종락 옮김, 홍성사)와 『선하게 태어난 우리』(장택수 옮김, 나무생각)가 번역되어 있다. 마거릿 애트우드의 『시녀 이야기』(김선형 옮김, 황금가지)도 번역되었다. 마르틴 루터에 관해서는 스콧 H. 헨드릭스의 『마르틴 루터』(전경훈 옮김, 뿌리와이파리)와 롤런드 베인턴의 『마르틴 루터』(이종태 옮김, 생명의말씀사)를 참조하라. 정치신학과 관련해서는 위르겐 몰트만의 『정치신학 정치윤리』(조성로 옮김, 대한기독교서회)와 『세계 속에 있는 하나님』(곽미숙 옮김, 동연), 디트리히 본회퍼의 저작들을 참조할 수 있다. 엘리자베스 쉬슬러-피오렌자의 책은 본문에서 다루는 『동등자 제자직』(김상분 옮김, 분도출판사)과 『크리스찬 기원의 여성 신학적 재건』(김애영 옮김, 태초)이 번역되어 있다.

도판 목록

성서

THE BIBLE

초판 인쇄 2017년 6월 2일

초판 발행 2017년 6월 12일

지은이 존 리치스
옮긴이 이재만
펴낸이 염현숙
편집인 신정민

편집 최연희
디자인 강혜림
저작권 한문숙 김지영
마케팅 방미연 최향모 오혜림
홍보 김희숙 김상만 이천희
제작 강신은 김동욱 임현식

제작처 한영문화사(인쇄) 한영제책사(제본)
펴낸곳 (주)문학동네
출판등록 1993년 10월 22일
          제406-2003-000045호
임프린트 교유서가

주소 10881 경기도 파주시 회동길 210
문의전화 031) 955-1935(마케팅)
          031) 955-2692(편집)
팩스 031) 955-8855
전자우편 gyoyuseoga@naver.com
ISBN 978-89-546-4581-2 03200

- 이 도서의 국립중앙도서관 출판예정도서목록(CIP)은
  서지정보유통지원시스템 홈페이지(http://seoji.nl.go.kr)와
  국가자료공동목록시스템(http://www.nl.go.kr/kolisnet)에서 이용하실 수 있습니다.
  (CIP제어번호: CIP2017012515)

www.munhak.com